나는 가끔 나의 안부를 묻곤 해.

일러두기
저자 고유의 글맛을 살리기 위해 표기와 어법은 저자의 방식을 따랐습니다.

진심을 김혜진

작가의 말

 이십대 중반, 불완전한 모습과 느린 걸음으로 삶의 안과 밖 그 어중간한 지점에 서성이던 저는 '이제 갈까?'라는 말이 싫어서 때로는 더 넘기지도 못하는 술을 마시기도 했습니다. 그래봤자 '나 요즘 정말 우울해.'라는 속마음은 입 밖으로 꺼내지도 못한 채, 어둡고 무거운 마음을 발설하면 그 모두가 나를 떠날 것 같이 굴기도 했습니다.

 입꼬리에 힘주어 안녕을 말하고 뒤돌아 혼자가 되는 시간이 많아질수록 지나간 것들은 불쑥 제 삶에 '잘 지내?'하고 물음을 던집니다. 저는 그 떠나간 것들을 외면하지 못한 채, 내내 뒤적거리다 쓸쓸함에 짓눌려 잠들곤 했습니다. 그저 쉽게 지나갈 엷은 바람 정도로 생각했던 마음은 어느새 삶 깊은 곳까지 스며들고 있었고, '그냥 조금 예민한 거겠지.'하고 대수롭지 않게 넘겼던 것들이 끝내 나를 병들게 하고 있었습니다.

매 순간 연약했던 작년 가을, 익숙한 슬픔에 익사하려다 문득 나의 발목을 붙잡는 것들 덕분에 살고 싶어서 다시 글을 적기 시작했습니다. 살아가는 일은 대부분 권태롭고 자주 의미를 찾지 못하다가 아주 가끔 간절해지는 것들을 위해 살아가는 것 같기도 하고, 그 의미를 찾아보라고 이 어려운 숙제를 내준 것 같기도 하고, 너무너무 살고 싶을 때마다 죽고 싶다며 돌려 말하기도 했습니다. 남모를 우울을 가지고 살아가는 우리가 꼭 누군가에게 기대지 않더라도 꼭 알아주는 이가 없더라도 우리 스스로가 괜찮은 사람이라는 것을 그 우울의 끝에서 꼭 깨달을 수 있기를 바라며, 비우고 싶었던 것들이 비워지고 모두가 슬픔에 익사하지 않고 끝내 살아갈 수 있기를 진심으로 바랍니다. 지나간 시절에 적어둔 구겨진 일기장 속엔 차마 고백하지 못하고 버림받은 문장이 가득합니다. 한 걸음 용기 내어 이곳에 담아둔 마음을 전합니다.

차 례

4   작가의 말

Part 1
나는 가끔 나의 안부를 묻곤 해.

20	우린 조금 느릴 수도 있어
21	미리 상처받지 않기
23	온전해지기
24	어른이 된다는 건
26	오늘을 살아갈 것
28	오늘의 당신은 안녕하신가요
30	나아가기 위해 뒤돌아보지 않는 연습을 한다
32	쉼표
36	조그만 어른
37	마음에 새길 것
38	지켜야 하는 것

39	여전히 살아내는 것이 서툴다
40	혼자만의 바다
41	무엇도 될 수 없을 것 같았던 내가 무엇이라도 되어가는 중이었다.
48	나를 잃어버리지 않기
50	기준 미달
52	버티는 마음
53	엄마로부터 온 편지
54	소음 같은 말들
55	꿈
58	things to do
60	엄마의 마음
63	사라지는 밤 살아지는 밤
64	끝은 또 다른 시작
66	한 발자국의 용기
67	늦은 안녕
70	후회
72	사유
73	빈곤한 젊은 날
75	유리병

76	손글씨
78	불면
79	피아노
81	저마다의 속도

Part 2

누군가에게 상처 입힐 거라는 것,
누군가에게 상처 입을 거라는 것.

84	애쓰지 말아요
86	혼자
87	겁
88	모두를 안고 살아가려 하지 않는다
90	그대가 자주 행복하기를 바랍니다
91	되새겼다.
92	소중했던 사람들
94	마음의 속도
96	잔뜩 헝클어진 그대에게
97	필요 없는 존재
98	비워내기

100	정리
101	용기
103	마음이 더디다.
105	너였다는 이유만으로
106	나사 하나
107	우는 방법
109	늘 너였다
110	너의 봄
111	친구의 문자
113	헤어질 용기
114	폐기되어버린 마음
115	나는 바람이었나요.
116	다 지나간 마음을 줍지 말아요.
117	가난한 마음
118	네 생각
119	잘 지내고 있어?
122	뒤늦은 후회
123	어떤 상처가 될래
124	말이 없는 밤
126	사랑받아 본 적이 없었더라면

127 이별과 이별하는 일
128 도착
129 어떤 날의 과거처럼
131 너의 하루
132 언젠가 사라질 것들
133 사라질 것처럼
135 괜찮다 괜찮다
136 기억 속에서 낡아간다는 건
137 좋은 사람
138 기억도 닳나 봅니다
139 존재의 차이

Part 3
내가 사랑하는 것에 게으름 피우지 말 것

142 사랑해요
143 너의 이름을 사랑이라 발음하는 것처럼
144 영영
145 이다지도 사랑한다
146 나의 바람아

147	그 무엇도
148	대답
150	전하지 않을 편지
152	숨겨둔 마음
153	새로 산 수첩
154	그리움은 계절을 탄다.
155	장화
156	사랑이었다
158	사랑할 수밖에
159	파도
160	마음속 작은 방
162	짧은 찬란
163	기억은 자꾸 자란다
164	그럭저럭 사랑할 수 있을까
165	닳지 않는 사랑
166	그대 어디쯤 서성일 수 있나
167	매듭지어지지 못한 네 존재
168	그해 가을
169	나의 낭만
170	잃어버린 순간

171 밀려오는 존재
172 J 에게
176 첫 눈
177 파편
178 사랑할수록
179 결말
180 향초

Part 4

나는 자주 너의 안녕이라는 말 속에서 산다.

184 그리움이라는 이름으로
185 추억에서 만날까
186 누굴 사랑하든 행복하기를 바라
188 첫사랑
191 별이 진다
192 너라는 문장
193 떠났음에도 여전한 것들
194 찰나
195 한 철의 마음

196	자존감 낮은 사랑
198	너를 잃어버리는 일
199	지나온 계절
200	낭만과 현실 사이
201	사랑은 여기까지
202	이미 젖어버린 성냥
203	뺄셈
205	버린 문장
206	사랑과 헤어짐의 여정
210	애증
211	어긋난 마음
212	너는 가끔 여기에 있다
214	사랑으로 저무는 그 뜨거움처럼
215	추억이 담긴 사진
216	헤어짐이 머문 자리
218	체념
219	그리움은 눈치가 없다
220	여기서 끝
222	짝사랑
223	마지막 인사

224	책 한 권
225	나는 다정을 믿지 않기로 했다
228	이유
229	네가 있다
230	오래된 이별
232	이따금씩
234	너도 내가 슬플까
235	봄이 온다
236	감정 쓰레기통
237	지나가고 있습니다

Part 5
오늘의 당신은 안녕하신가요.

242	같이 가자
244	괜찮다 울어도
245	온기 같은 존재
246	청춘
247	보통의 하루
248	상처를 견디는 일은 숙명이 아니다.

250	울어도 돼
251	그럼에도 불구하고
252	그리운 '나'
254	공허한 위로
256	흘러가는 대로 둘 것
258	내가 사는 밤
260	독백
261	한숨
262	마음의 여백
263	여름 몸살
264	웃음약
268	생애
269	스위치
270	오늘의 우울은 딱 여기까지
271	기억해?
272	지나버린 것들
273	마음의 잔량
274	단단한 기억
275	흘려보낼 수 있기를
276	부산 언덕 꼭대기 집

279	엄마의 꿈
282	쉬어가도 돼
283	그래도 모든 건 지나가
284	나의 밤은 자주 어질러진다.
285	어른아이
288	허물어지는 밤
289	과거의 행복
290	이면
291	영화 같은 삶
292	마른기침
293	살아야 할 이유
294	할아버지
300	나의 오랜 사랑

세상을 살아보니 그때하지 못해 후회하는 내가 넘쳐난다.
너는 누구보다 너로 잘 살아주라. 어디가서 울지 말아라.

자존감에 관하여

Part 1

작은 무엇이라도 되어 보겠다고 견디며
넘겨버렸던 현실이 여전히 버거웠나 보다.

나는 가끔 나의 안부를 묻곤 해.

우린 조금 느릴 수도 있어

◆

 우리의 꿈은 조금 느릴 수도 있다. 가끔은 조급함에 뛰기도 하고, 모든 게 버거워 멈출 수도 있다. 그렇지만 그럴수록 조금 더 묵묵히 나아가야 한다. 그러다 보면 단 하루도 쓸모없게 버려진 하루는 없을 것이다. 잔뜩 얼룩진 마음에 손을 얹고 심호흡을 하자. 너무 이 순간에 매몰되어 도피하듯 살아가지 말자. 무거운 것을 잠시 내려 두고 이 밤을 산책하듯 걷자.

미리 상처받지 않기

◆

우연히 고등학교 3학년 때 썼던 일기장을 보다가
딱 한 줄만 적힌 페이지에서 시선이 멈췄다.

미리 상처 받지 않기

과거와 지금. 나는 여전히 고쳐지지 않는 나의 고질병 같은 단점을 알고 있다. 너무 많은 생각에 잠겨 사는 것. 끊임없는 걱정은 내 새벽을 움켜쥐었고, 매번 오지도 않은 결말을 상상하고 상처받기 쉽게 무른 마음을 생성했다. 그렇게 쌓인 과한 걱정들은 늘 머릿속에 불협화음을 냈다.

열아홉의 나는 어떤 상처를 미리 생각했을까. 떠올리려 해도 가늠조차 되지 않았다. 결국은 마음이 얼얼해질 만큼 신경 썼던 일들은 시간이 지나면서 기억도 나지 않을 만큼 쉽게 잊혔다는 거겠지. 곰곰이 생각해보면 나는 미워할 이유를 무언가로부터 찾는 게 아니라 나 자신에게 찾게 될 때가 대부분이었다. 그래서 조금이라도 마음을 덜어내는 연습이 필요했고, 최대한 노력해서 뾰족해져 있는 마음들이 마모될 때까지 '그럴 수도 있다.'는 마음을 새겨야 했다.

'미리 상처받지 않기'

오늘날의 일기에도 이 짧은 문장이 적혔다. 그때를 지나온 지금도 나는 거듭 괜찮아지려 노력해야 한다. 내 마음 속에 사는 겁이 나를 쥐고 뒤흔들까 봐 자꾸 덜어내고 한 발자국 떨어져서 나의 마음을 지켜야 한다.

온전해지기

◆

어디로 가는지도 모른 채, 행복을 기대하지 말 것.
지나치는 순간에 너무 오래 머무르지 말 것.
가기로 했으면 뒤돌아보지 말 것.
무엇보다 내가 행복해지는 일에 게으름 피우지 말 것.

어른이 된다는 건

◆

　내가 아이였을 땐 늘 자유로워 보이던 어른을 부러워했고, 정작 어른이 됐을 땐 솔직한 마음을 표현하고 이해받을 수 있었던 아이가 부러웠다. 아이는 자주 마음을 존중받고, 어른은 자주 마음을 침묵했다. 어른의 당당함을 닮고 싶어 했던 아이와 그런 아이의 해맑음을 그리워하는 어른. 아무래도 시간이 흐를수록 무표정의 나날이 많아지고, 뱉은 말 뒤에 따라오는 무거운 책임감과 차마 자유롭지 못했던 하루가 가끔은 버거워 이 현실을 잘 몰랐고 마모되지 않았던 그 시절이 그리워지는 거겠지. 때론 솔직해지지 못하고, 때론 용기 있게 뱉어도 쉽게 묵인되는 현실 때문에 결국 해맑지 못했던 하루 끝엔 켜켜이 쌓인 마음의 잔해물들이 나를 괴롭혔다.

아이의 시선에서 바라봤던 자유로움의 뒷면엔 오히려 나를 초라하게 만들 때가 많았고, 타인의 말들이 삶을 잔뜩 어질러 놓기도 했고, 새로운 도전은 괜히 허울뿐인 야망으로 칭해지기도 했다.

그러니 그때처럼 해맑은 하루를 보낸다는 건
어른이 된 우리에게 가장 어려운 숙제와도 같다.

그때처럼 해맑은 하루를 보낸다는 건 어른이 된 우리에게
가장 어려운 숙제와도 같다.

오늘을 살아갈 것

◆

 요즘은 지나치게 배려하지 않는 연습을 하고 있어요. 예전엔 늘 누군가를 배려하느라 정당한 권리를 포기할 때가 많았는데 결과적으론 그 배려가 나를 놓치며 살아가게끔 하더라고요. 누군가를 위했던 마음이 그 사람에게 나를 이용할 권리를 쥐여주려 했던 게 아니었는데도 어느새 나는 만만하고 당연한 사람이 되어 있을 뿐이었어요.

 나를 지킬 수 있는 적당한 선을 두고, 적절하게 스며드는 순간들에 만족하려고 노력하고 있어요. 먹고 싶은 것을 먹고, 보고 싶은 것을 보고, 하고 싶은 일을 하면서 타인에 대한 마음보다 자신에 대한 마음을 조금 더 챙기려고 해요. 생각이 복잡해지면 잠드는 시간을 밀어내려 하지 않아요. 그럼 긴 불면을 낳기 마련이고 오늘을 잃어버릴 수도 있거든요.

적당하게 힘주고, 적당하게 끝내면서 적당한 오늘을 살아가는 거죠. 누구보다 내가 잃어버렸던 나의 삶에 초점을 맞추고 내가 내 삶에 주인이 되는 거예요. 나는 나와 마주할수록 더욱 단단해지고 온전해질 거예요.

 우리 가장 중요한 자신을 잃지 말아요.

오늘의 당신은 안녕하신가요

◆

 나를 들여다보는 일이 중요한 걸 알면서도 가장 게으르게 덮어두고 살아간다. 늘 당연하게 걸렀던 아침밥. 밀린 잠 때문에 꾸벅꾸벅 졸다가 내릴 정류장을 지나치기도 하고, 습관적으로 손톱을 입으로 가져가고, 의미 없는 말들에 억지로 웃다가 잔뜩 건조했던 입술이 찢어져 버리고, 한 번이면 됐을 일을 몇 번이고 반복하는 실수를 하면서 재촉하는 삶에 밀려 허겁지겁 뛰다가 놓쳐가는 것이 너무도 많은 나날. 당장 마감해야 할 것들만 놓인 삶. 메모장에 줄기차게 쌓아둔 나를 사랑하는 방법들은 이미 마음 구석에서 웅크린 지 오래였다.

나는 어떻게 살아가고 있나.
어떤 상처를 품고 살아가나.
살아가고 싶은 마음은 있나.

머리 아픈 고민들은 묻어두고, 철 지난 감정만을 두고두고 읽는 밤.

 아쉬워질 것 같은 짧은 순간들은 눈에 담으며 살아가자. 이리저리 머뭇거리다가 순식간에 좋은 순간은 지나가 버리니까. 지나간 어제는 덮어두고 오늘의 나의 안녕을 빌며 부단히 나의 오늘을 기억하자. 삶이 내 것으로 온전해질 수 있게 남은 날들 중 가장 젊은 오늘을 도피하듯 살아가지 말자.

나아가기 위해
뒤돌아보지 않는 연습을 한다.

◆

 내 청춘은 겁쟁이였다. 내일이 기대되지 않는 오늘을 살아가면서 무뎌지고 무색해진 순간들 덕에 자주 과거에 살았다. 새로운 것들을 삶에 들이는 빈도는 줄어들고, 마음이 편해지는 안정적인 것들을 찾아다녔다. 그러다 누군가 자신이 여태 살아왔던 것들을 과감히 버리고 불완전한 꿈을 찾으러 가는 모습을 보면 그 용기가 너무 부러웠고, 행복은 그렇게 용기 있는 사람들만의 특권이라 생각했다. 낯선 것들은 쉴 새 없이 흔들리는 내게 큰 불안 요소였고, 그 사람들처럼 용기가 없었던 나는 조금씩 삶에 나를 가둬두고 다그쳤다. 겁을 잔뜩 먹고 벌벌 떨면서 변명으로 막아둔 말들이 밤새 내게 쏟아졌다. 아무것도 하지 않는 삶은 내가 어디로도 갈 수 없게 꽁꽁 묶어두었다.

그러던 와중에 글을 쓰는 일은 내 삶에 잃어가던 것을 유일하게 붙잡을 수 있는 용기이자 구원이 되었다. 가본 적 없던 길로 발걸음을 떼기까지 나는 무수히 많은 용기를 내야 했다.

그래서 나는 나아가기 위해 과감히 버리는 연습을 한다. 성장은 어제에 연연하지 않으면서 내일을 생각하는 오늘을 살아가는 것이었다. 나는 나아가기 위해 뒤돌아보지 않는 연습을 한다. 결과적으로 그것은 내 행복을 찾는 일이었고, 삶은 조금씩 내 것이 됐다.

쉼표

◆

 혼자인 휴일이 익숙해질 때쯤, 휴일에 하고픈 것을 나열하다가 창문 너머로 한창인 햇살을 보고 바다를 가야겠다는 생각을 했다. 가는 김에 혼자 누릴 수 있는 것들은 다 해보고, 가득 채워진 여행 같은 하루를 보내고 오자 마음 먹었다.

 당연하듯 걸렸던 아침밥을 간단히 챙겨 먹고 빨래를 돌렸다. 빨래가 돌아가는 시간에는 씻고 나갈 준비를 하고, 세탁기가 다 돌아가면 햇빛이 잘 드는 곳에 널은 뒤, 카메라와 돗자리를 챙겨 집을 나섰다. 너무 오랜만에 느껴보는 한적한 버스의 풍경. 출근길에 지옥 같은 풍경과는 사뭇 다르다는 것만으로도 지금의 나를 위안하기엔 충분했다. 버스에서 내려 곧장 바닷가로 향하지 않고 그 근처 골목을 걸었다. 사람들이 살아가는 풍경을 보고, 게슴츠레하게 눈을 감고 낮잠을 자고 있는 고양이를 카메라에 담기도 하고, 우연히 마주한 골목에 있던 잡화점에서 맘에 드는 노트와 펜을 구매하기도 했다. 그리고 바닷가로 발걸음을 옮겼다. 파도와 꽤 가까운 자리에 돗자리를 펴고 앉아 노트와 펜을 꺼내 한참 동안 글만 썼던 것 같다.

글이 막히는 순간엔 고개를 들고 고요한 파도 소리를 들었다. 소리를 들으면 들을수록 마음속 가득 채워졌던 어떤 것들이 조금씩 비워져 가는 듯했다.

외로움과 지루함이 공존하는 삶 속에서 인간관계든 상처든 무엇이든 익숙해지려고만 했지. 정작 나에게 손 내미는 방법은 잊고 살았던 게 아닌가 싶었다. 어제까지 나를 괴롭히던 소란스러운 생각들은 파도처럼 밀려가고, 누군가의 마음을 들어주지도, 헤아려주려고 애쓰지 않고 온전히 나 자신을 내려두는 시간. 특별히 맛있는 음식을 먹지 않아도, 그리웠던 사람을 만나지 못했어도 사람과의 거리를 계산하지 않고 적당한 마음으로 지내는 괜찮은 하루.

내겐 외로워질 때면 누군가에게 의지해야만 숨이 쉬어지

던 시절이 있었다. 외로움은 결코 익숙해지고 싶지 않은 감정이었다. 가끔은 나를 혼자 두지 말라고 소리치기도 했고, 잊혀지는 것이 두렵고 무서워서 상대방의 마음을 확인해야만 안도의 숨을 돌리곤 했다.

내 감정을 인정하고 오롯이 받아들이기 시작했을 때부터 나는 조금씩 온전해질 수 있었고, 언젠가부터 혼자일 때 할 수 있는 것들을 하기 시작했다.

영화를 보고, 노래방을 가고, 책을 읽고, 요리를 하고, 내가 나에게 무엇이 하고 싶은지를 물어보고 답하면서 소소하게나마 나를 채우려고 애써 노력한다. 그러다 막힌 것만 같았던 숨이 쉬어졌다. 고독은 나를 면밀히 바라볼 수 있는 기회가 되어준다. 우리에게는 놓치고 떠나간 것들보다 온전히 남겨진 것들과 후에 남겨질 것들을 생각하는 시간이 조금 더 필요하다. 그래야 좁디좁은 감정의 터울이 아닌 조금 더 넓고 여유로운 감정을 느낄 수 있을 테니까.

내일이면 이 바닷가에서 즐기는 느긋한 여유가 사라지고 또 정신없이 마음과 머리를 쓰면서 난 또 익숙해지려 하겠지만, 그건 내일의 일일 뿐. 내일에 대한 걱정은 조금 미뤄두기로 한다. 오늘은 오늘로써 이미 충분하니까.

오늘은 오늘로써 이미 충분하니까
내일에 대한 걱정은 조금 미뤄두기로 한다.

조그만 어른

◆

 다 무너진 줄로만 알았는데 더 무너질 게 남았다는 사실이 나를 죽어가게 할 때가 있다. 아주 강한 비바람도 어떻게든 버텼고, 큰 흔들림에도 꽉 부여잡으며 꿋꿋이 두 다리에 힘을 주며 서 있는데 누군가로부터 불어온 작은 바람에 견뎌온 것들이 무색하게 힘없이 무너져버리는 거지. 실은 나는 단단하고 강해서 버틸 수 있었던 게 아니라 한낱 작은 바람에도 무너질 수 있는 사람이었는데 악착같이 합리화하면서 긴 시간을 삼켜낼 뿐이었다. 어른이란 단어가 내 삶 속에서 익숙해질 때쯤이면 슬퍼지는 것도 익숙해질 줄 알았다. 나는 크디큰 어른이 될 줄 알았는데 아주 조그만 어른이 되어 있었다.

마음에 새길 것

◆

1. 새어 나오는 말이 많을수록 그만큼 말실수할 확률도 높아진다.
2. 영원할 줄로만 알았던 관계도 놓아지는 순간이 온다.
3. 주저 없이 달려와 줄 사람이 단 한 명이라도 있다면 충분한 삶이다.
4. 주는 것에 의미를 두자. 주는 만큼 받는 것에 연연하면 쉽게 불행해진다.
5. 도덕책 같은 말처럼 남을 배려하고, 착하게 살아가는 것보다 그냥 내 주관을 밝히며 소신껏 살아가는 게 낫다.
6. 소신은 지키되 상대방의 의견을 존중하고 이해하려는 자세도 중요하다. 내가 늘 옳을 순 없으니.
7. 화려한 삶은 어디까지나 SNS에서만 존재할 뿐이다.
8. 맘껏 울고 다시 일어설 수 있다는 건 강하다는 증거이다.
9. 불합격은 결코 실패가 아니다.
10. 세상에 정해져 있는 행복 따위는 없다.

지켜야 하는 것

◆

 한 발자국이면 떨어질 것 같은 벼랑 끝에 내몰려 있대도 아직은 한 발자국 정도가 남아 있다고 다독여주는 말에 나는 다시금 힘을 주고 앞으로 나아가려고 했을지도 모른다. 아무리 위태로운 곳에 서 있더라도 우리는 힘주어 지켜야 하는 것들이 있다. 그건 누군가가 될 수도 있고, 짙은 어둠에서도 함부로 다정하게 빛나는 나의 청춘일 수도 있다.

여전히 살아내는 것이 서툴다

◆

 하얀색 알약에 기대지 않고는 긴 밤을 견뎌낼 수가 없었다. 아무도 다그치지 않은 새벽임에도 나는 무서웠고, 새벽 끝자락의 하늘에 색감이 지겨워 울기도 했다. 잊지 못해 살아간다는 책 속의 문장에 고개를 끄덕여도 보고, 어딘가로 도망간다는 말만 반복하는 글에 한참을 정지했다. 살아가는 일은 대부분 권태롭고 자주 의미를 찾지 못하다가 아주 가끔 간절해지는 것들을 위해 살아가는 것 같기도 하고. 그 의미를 찾아보라고 이 어려운 숙제를 내준 것 같기도 하고. 너무너무 살고 싶을 때 죽고 싶다 말하기도 하네.

나는 여전히 살아내는 것이 서툴다고 여긴다.

혼자만의 바다

◆

 사람들에겐 저마다 얕고 깊은 바다가 존재해. 그곳엔 모두가 잠들었다 해도 끝없이 밀려드는 파도가 있어. 우린 지금 자주 일렁이고 자주 부서지며 흠뻑 빠지고도 죽지 않을 정도의 숨을 쉬면서 살아내는 중인 거야. 때마다 잃어야 할 것들은 나를 무너뜨릴 거고, 나는 파도 칠 때마다 넘어지지 않게 거듭 다리에 힘을 주어야겠지. 그래도 부서지는 날과 잔잔한 날은 함께 오지 않으니까 나는 조금 외로워도 언젠가 찾아올 잔잔한 바다를 기다릴 수밖에 없어.

무엇도 될 수 없을 것 같았던 내가

    무엇이라도 되어가는 중이었다.

◆

"엄마, 나 잘하고 올게."

그날은 나의 열아홉 수능 날이었고, 집을 나선 후 발걸음이 닿은 곳은 학교가 아닌 고속버스 터미널이었다. 막연했던 꿈에 한 걸음 다가섰던 순간이었으며 내 삶이 별안간 뒤바뀔 거라는 전조현상이었다.

나의 10대는 오로지 음악이 전부였다. 1평 남짓한 방에서 피아노와 스피커 하나에 귀 기울여 노래하고, 무대에 오르고, 사람들의 응원을 받고, 꽤 많은 가요제에 참가했다. 크고 작은 환희와 속상함이 존재했지만 행복했고, 조금 늦은 19살 가을에 왔던 기회는 꿈을 이룰 수 있는 내 마지막 운이었다.

그곳의 사람들은 내게 웃어주지 않았다. 사람들에게서 쏟아진 비웃음과 조롱의 말들은 그때의 내게 너무 크게 다가왔고 나는 내가 사랑했던 음악에게도 기대지 못할 정도로 외로운 날들이었다. 결국, 나는 그들과 한 무리가 되지 못한 채, 그곳에서 내팽개쳐져야 했다.

오랜 시간 꾸었던 꿈을 스무 살을 넘겨서 그만두게 됐고, 낯설었던 서울 바닥에서 꿈을 놓고 뒤돌던 내 앞엔 쥐어진 게 아무것도 없었다. 나는 음악 말고는 아무것도 할 줄 모르는 아주 작은 사람이었다. 어떤 공부를 시작해야 하는지, 어떤 마음으로 내일을 살아야 하는지, 어떻게 다시 꿈을 꾸어야 하는지 길이 없는 숲에 덜렁 놓인 기분이었다. 이곳에선 지금 당장 내가 할 수 있는 게 없는데 다시 가족이 있는 곳으로 내려갈까 싶었지만, 쉽게 발이 떨어지지 않았다. 엄마 아빠의 기대와 걱정에 면목이 없었다. 조금이라도 무언가가 되지 않으면 내려가지 말자고 다짐한 채, 그렇게 서툰 서울살이를 시작했다.

스무 살의 겨울. 이곳저곳 아르바이트를 하면서 간간이 살아오다가 처음으로 운 좋게 취업을 하게 됐다. 큰 기업의 계열사였고, 꿈꾸던 세상과는 전혀 접점도 없던 생애 첫 회사에 다니며 나는 직장인이 됐다. 아침 아홉 시에 출근을 하고 저녁 여섯 시면 퇴근을 했다. 간혹 야근이 있는 날이면 거의 녹초가 되다시피 몸이 무거웠고, 회식이 있는 날이면 자꾸 정신을 차려가며 어린 나를 무시하던 과장님의 꼰대 같은 말들을 들어야 했다. 대학도 나오지 않고 어린 나이로 입사했던 나는 그곳에서도 가볍게 무시를 당하기 일쑤였다. 주어진 일은 때마다 잘 처리해야 하고, 눈치는 남들보다 더 빨라야 하며, 거듭 긴장을 놓지 않으려고 허리를 꼿꼿이 폈다. 그렇지만 사람들의 말들은 기어코 고개를 숙이게 만들었고, 나는 어딘가에 낙오되고 있는 사람 같았다.

하루는 퇴근 버스를 타고 가다가 내 앞에 앉아 있던 모녀의 대화가 들려온 적이 있었다.

"저녁은 뭐 먹고 싶어?"
"엄마가 해준 김치찌개"
"그래. 그럼 집 앞에 정육점 들러서 돼지고기 사서 가자."
"좋아!"

평범한 대화였지만, 내겐 이 대화가 그리도 먹먹했다.

'나도 엄마 김치찌개 진짜 좋아하는데.'

문득 너무 보고 싶어진 엄마를 생각하다 집 앞 버스 정류장에 내려서 곧장 엄마에게 전화를 걸었다. 평소엔 할 만만 짧게 하고 통화를 끊었는데 그날따라 엄마에게 오늘 있었던 사소한 일들을 쉴 새 없이 늘어놓으며 괜히 투정 섞인 말을 툭툭 던졌다. 엄마는 내 말을 다 듣고, 잠시 말이 없다가 은근한 목소리로 말했다.

"오늘 많이 힘들었구나. 우리 딸. 힘들면 내려와도 돼. 엄마는 그냥 우리 딸이 내려와서 엄마랑 같이 살았으면 좋겠어. 너무 보고 싶어."

나는 엄마에게 들은 말 몇 마디에 가던 길을 멈추고 울먹이다가 급히 전화를 끊어버렸다. 작은 무엇이라도 되어 보겠다고 견디며 넘겨버렸던 현실이 여전히 버거웠나 보다.

엄마와의 통화가 끝난 뒤에도 삶은 변한 것 없이 지겨운 일상을 반복했다. 그러다 유일하게 여유를 부리던 주말에 방 청소를 하다가 한동안 잊고 지냈던 상자 하나를 꺼냈다. 자취를 시작할 때 최대한 짐을 줄이고 가라던 엄마의 말에도 한 상자 가득 실었던 악보들과 작사 노트가 들어있던 상자였다. 그 속엔 내가 꿈꿔온 몇 년의 노력들이 빼곡했다. 내가 적어둔 수많은 가사를 처음부터 다시 읽기 시작했다. 그러다가 문득 이건 내가 놓지 않고 지금도 여전히 할 수 있는 게 아닐까 싶은 생각이 들었다. 어쩌면 일기처럼, 가사처럼 그날그날 삼켜둔 마음을 글로 표현하다 보면 조금이라도 이 감정이 덜어질지도 모르겠단 생각에 그날로부터 매일 노트 몇 장을 꽉꽉 채우는 편지 같은 글을 쓰기 시작했다.

 어린 날의 나는 공부는 그리도 싫어했으면서 이상하게도 글을 쓰는 시간을 좋아했다. 가만히 앉아서 진득이 책을 읽는다거나 선생님의 목소리를 따라 필기를 하거나 이런 것을 잘하지 못했던 내가 초등학교 6학년 때 처음으로 참가한 글짓기 대회에서 운 좋게 입상을 했다. 제출하기 전, 마지막 문장을 적고 마침표를 찍는 순간에 느껴지던 미묘

한 희열감은 내가 글을 좋아하게 만든 이유였다. 고등학교 1학년 때 또 한 번의 글짓기 대회에서 입상을 하게 됐을 당시 담임선생님은 내게 남들과는 조금 다른 감성을 지닌 것 같다고 말씀하셨고, 처음으로 대견스럽다고 하셨다. 그 말은 그때의 내게 특별하게 와 닿았다. 그토록 좋아하던 음악을 포기하고 내가 다시는 무엇도 될 수 없을 것만 같았을 때, 무심코 다시 봤던 가사 노트를 따라 다시 펜을 들었던 그 기점으로 내 삶은 또 한 번 바뀌고 있었다.

마냥 어둡기만 할 것 같았던 나의 청춘은 조금씩 변화했다. 글은 자꾸 고개를 숙이던 자존감과 꿈꾸지 않고 현실과 타협했던 지겨운 일상에서의 유일한 환기구였다. 잃어가던 나를 붙잡아주던 유일한 구원이었고 잘 살아가고 싶은 용기였다. 어떤 것을 쥐고 살아가야 할까에 대한 해답을 자꾸 건네고, 허물어지던 마음에서 얻은 너무도 값진 꿈이었다.

나뿐만 아니라 누군가가 다녀갈 수도 있는 일기장이 있으면 좋겠다는 작은 용기로 종이 속에 갇혀 있던 글들을 인스타그램 계정에 올리기 시작했다. 그 일기장에는 점차 사람들이 다녀갔다. 처음엔 한두 명. 그러다 수십 명. 어쩌다 몇백 명. 그리고 더 나아가서 몇만 명의 사람들이 다녀갔다. 꺼져가던 젊은 날에 불씨가 되살아났다. 무엇도 될 수 없을 것 같았던 내가 무엇이라도 되어가는 중이었다.

나는 더 많은 시간 동안 글을 쓰고 싶어졌다. 잃어버린 시간을 끄집어내어 적고, 순간순간을 담아내는 일을 하고 싶다는 두 번째 꿈이 생긴 거였다. 하고 싶은 게 생겼던 나는 버거웠던 날의 끝에 나를 은근하게 감싸주던 엄마의 말이 떠올랐고, 머뭇거리다가 엄마에게 전화를 걸었다.

"엄마, 나 내려가고 싶어. 내려가도 돼?"

내가 스물둘이 되던 해의 봄, 서울에서 부산으로 가는 심야 고속버스에 몸을 실었다. 열아홉 살에 부푼 가슴을 안고 손에 꿈을 꼭 쥔 채 올랐던 그 가을의 고속버스와 스물둘 봄의 공기는 사뭇 달랐다.

스물두 살의 내가 다시 반짝거렸다.

나를 잃어버리지 않기

◆

 남들만큼 살아가려다가 상처투성이가 된 발을 모른 체하고 억지로 걸었던 적이 있다. 지금 내 나이가 되면 대단한 어른이 되어 있을 거라고 감히 믿었던 나의 어린 날. 누군가는 높은 대학에 들어가고, 누군가는 데뷔했고, 누군가는 대기업에 취업하고, 누군가는 모은 돈으로 유럽 여행을 갔다.

 나는 내가 이루지 못한 것을 이미 이룬 사람들의 삶이 부러워질 때면 불안을 키우고, 타인의 삶을 기준 삼아 나를 비교할수록 마음이 시소처럼 내려갔다. 온 힘을 다해 견딘 오늘 하루가 마음에 들지 않고, 내 처지를 탓하며 나를 볼품없게 깎아내리기 일쑤였다.

 나는 내게 어떤 타인이 되려고 그리 상처를 준 걸까. 불행은 누군가의 모습을 나 자신에게 찾을 때부터 비롯했다. 내 불행의 기준점이 타인이었다는 것 자체부터 나는 나를 사랑할 준비가 되어 있지 않은 사람이었다.

 누군가보다 나은 삶이라고 해서 굳이 행복해지는 것도 아니다. 그보다 더 중요한 건 가지려고 하는 것보다 내게 불필요한 것을 버리는 것이다. 타인이 어떻게 살아가고, 어떤 것을 이뤄냈고, 어떤 것을 가지고 살아가느냐가 중요한 게 아닌, 나는 어떻게 살아가고, 어떤 것을 이뤄냈고, 어떤 것을 가지고 살아가느냐에 더욱 초점을 두어야 한다. 내 모습을 직면하고, 부족한 부분을 감싸주고, 숨기기보다 변화시키려 노력하고, 행복의 기준을 내게서 찾는 것이다. 내 삶의 주체가 내가 되지 못하면 결코 나는 행복해질 수 없을 테니 더는 누군가를 쫓지 않아도, 느리고 더디다고 해서 너무 낙담하지 않아도 된다. 삶에서 중요한 건 나 자신을 잃어버리지 않는 것이다.

기준 미달

◆

 도통 정리되지 않는 삶을 살다가 퇴사를 했다. 퇴사 후에 행복한 몇 개월을 살아가다 현실적인 문제들에 부딪히다 보면 편안함에 익숙해지다가도 나는 또 어떻게 앞으로 나아가야 할지에 대한 불안이 거듭된다. 바쁜 사람들 속에서 혼자 멈춰있는 기분. 나는 잠시 쉬어가는 것뿐이라며 정리되지 않던 삶에 숨 한 번 불어넣는 거라며 합리화했음에도 남들의 시간이 나보다 앞서가는 것 같은 기분을 지울 수가 없다. 이내 새벽 내내 취업공고를 뒤적거리다가 잠들곤 했다.

 사람들은 내게 물었다. 대학 졸업은 했는지. 어떤 전공을 했는지. 지금은 어떤 일을 하며 사는지. 월급은 어느 정도인지. 적금은 들고 있는지. 모아둔 돈은 얼마쯤인지. 그 와중에도 연애는 잘하면서 사는지. 어느 정도 삶에 균

형이 잡혀 있을 거라는 전제하에 날이 갈수록 늘어가는 질문들. 내가 살아온 삶이 거듭 초라하게 느껴져야 했다. 사람들이 말하는 그 질문에 내가 어느 정도 부합해야 하나 싶어서 숨도 고르지 못한 채로 살아왔으나 정작 나의 삶은 그 기준에 미달이었다.

 남들의 알람 소리에 깨어 차마 잠이 다 깨지도 못한 눈으로 맞지 않는 신발을 신고 급히 뛰었고, 어느새 내가 하고 싶은 것을 찾아낼 시간도 주지 않은 채 세상의 틀에 나를 맞추고 있었다는 것을 알게 됐을 때 나는 퇴사를 선택했다. 적지 않은 나이. 그 기준이 뭐라고. 무엇을 위해 살아가느냐가 더 중요한 것임에도 자주 불안하고, 조급하고, 하루를 채우려 끙끙대는 일. 과연 나는 진짜 무엇을 위해서 아등바등 살아갔던 걸까.

버티는 마음

◆

마음에 힘을 주는 일은
꽤 긴 시간을 버티기가 어려웠지만,
그 힘이 풀리는 일은
나의 모든 노력이 무색해질 만큼 쉬웠다.

엄마로부터 온 편지

◆

 너는 망설이지 않았으면 좋겠다. 주변을 의식하고, 불안의 목소리는 애쓰고 삼키면서 기어이 포기하게 되더라도 네가 나중이 되어 오늘을 후회하지 않았으면 좋겠구나.

> 딸아.
> 세상을 살아보니 그때 하지못해
> 후회하는 내가 넘쳐난다
> 너는 누구보다 너로 잘 살아주라.
> 어디가서 울지 말아라.

소음 같은 말들

◆

 날카로운 소음 같은 말들이 나를 할퀴고 갈 때, 머릿속에선 종일 그 말들이 남겨져 나를 볼품없게 만든다. 어딘가에 털어두기엔 너무 작아 보이고, 아무리 털어도 남겨져 있는 물기처럼 불필요한 말들이 내내 들러붙는다.

 '그냥 대수롭지 않게 넘겨.'

 말만큼 쉬울 수 있다면 얼마나 좋을까. 나 자신이 단순한 사람이어서 저런 말들을 쉽게 잊고 살아간다면 나의 밤은 평온할 수 있을지도 모른다. 누군가 자신의 값싼 우월감을 위해 나를 할퀴는 말에 무뎌지고 무뎌지다 보면 나는 좀 견딜만하고, 결국은 아무렇지 않아질까.

꿈

◆

"미래에 대한 계획이 있어? 무엇으로 밥 벌어먹고 살아갈지에 대한 방안. 그런 거. 헛된 낭만으로 살아가기엔 너무 배고픈 현실이잖아."

처음 글을 쓰겠다고 말한 후부터 지금까지 꽤 많은 사람들이 나에 대한 우려와 충고를 빙자한 쓴소리를 서슴없이 휘둘렀다. 한동안 나도 밥벌이를 두고 고민을 했던 적이 있다. 글을 쓴다는 건 그리 배부른 삶을 선택하는 건 아니었으니까. 내가 정말 대단한 글을 쓰는 사람이 되거나 사람들에게 더 많이 읽히지 않는 이상, 현실에 타협하면서 살아가야 하지 않을까에 대한 기로에서 꾸준히 고민했다. 내가 가는 길이 늘 정답이기만을 바라지만, 간혹 틀어지는 삶이 될 수도 있고, 내 기대와 계획과 달리 나는 점차 가난해지기만 할 수도 있다. 많은 사람들이 미래에 세워둔 자신의 형상과 가까워지기 위해서 오늘을 희생하며 살아가고 있었고, 나도 그것에 대한 걱정과 불안을 늘 쥐고 살고 있었다.

각종 적금이 계좌에서 빠져나가고 통장 잔고에 438원이 남아 있었을 때, 나는 코끝이 차가워지던 거리를 걷고 있었다. 주머니 속엔 오백원짜리 동전 두 개뿐이었고, 눈앞에 보인 붕어빵가게에 들러 붕어빵 세 개가 든 하얀 봉투를 받아들었다. 통장잔고에 대한 초라함도 잠시. 뜨뜻한 붕어빵 한 입을 베어 문다.

'그래도 맛있는 건 맛있네. 우울했는데.'

내 행복은 가끔 통장잔고에 맞춰서 타협되곤 했다. 힘겹게 손에 쥔 돈들이 순식간에 통장에서 빠져나가고, 그 흔한 여행 한 번 없이 매시간을 꽉 담아서 살았는데 그리 남는 순간들이 없다는 건 분명 조금 슬픈 일이긴 했다.

누군가는 나태하게 낭만만 꿈꾸는 백수라고 부르기도 했고, 순간마다 생각나는 글을 휴대폰에 기록하던 내게 휴대폰 좀 그만 들여다보라며 타박을 하기도 했다. 그럼에도 글을 쓰기로 다짐한 건, 내가 기댈 수 있는 유일한 구원이기 때문이다. 마음을 쓸 수 있는 일은 낮은 마음에 허우적대는 내게 여전히 꾸준한 행복을 가져다준다. 누군가가 다시 한 번 미래에 대한 계획이 있냐고 묻는다면 나는 이제 답을 한다.

"내 꿈은 책방 겸 소품 샵을 운영하는 거야. 그곳에선 내가 직접 종이로 제본한 책을 판매하고, 그 외에 글과 사진에 관련한 소품도 진열하고, 작은 작업실도 한 공간에 둘 거야. 그러다가 내 글을 읽어주는 사람을 만나면 서로의 사는 이야기도 하는 거야. 어때. 이 정도면 괜찮지 않아?"

내가 이 답을 했을 때도 누군가는 또 헛된 낭만을 사고 파는 일을 하는구나 라고 생각할 수도 있겠지. 그렇지만 낮은 곳이든 높은 곳이든 그런 것으로 누군가의 꿈을 폄하할 순 없는 일이다. 나는 그저 아직 완성되지 않은 하나의 이야기일 뿐이고, 그러니 타인이 보는 내 모습이 조금 지루할지도 모른다.

누군가에게 읽힐 수 있어 다행이다 싶은 밤,
나는 누군가의 시간을 사는 일을 하고 있다.

things to do

◆

좋은 인연 이어가기
고마운 사람들에게 자주 마음 두기
무기력함에 지지 않기
쉬는 것과 일의 경계선 두기
'남들처럼만'이라는 생각 버리기
관계에서 도망치지 않기
기회가 온다면 머뭇거리지 않기
나태해지지 말고 묵묵히 나아가기
후회하기 전에 행동하기
꾸준히 쓰고 또 쓰기
불행으로부터 잘 견디기
자신감 되찾기
내면이 단단한 사람 되기
조금 더 솔직해지기
밤낮 바꾸기
건강 관리하기
나를 사랑하기

"나를 더 사랑하기"

엄마의 마음

◆

 그때는 몰랐던 엄마의 삶을 이해하기 시작한 지도 그리 오래된 일은 아니었다. 어린 날의 나는 '힘들다'는 말을 하는 엄마를 알면서도 당시엔 기댈 수 있는 엄마가 너무 필요해서 간과했던 것들이 분명 있었다. 나는 한 번 더 손 내밀고 토닥여줄 수 있었던 순간에 엄마를 홀로 둔 적이 많았고, 그것이 다 자라버린 후에 내내 미안했다. 유치원을 다닐 때, 맞벌이하셨던 부모님은 나를 종일반에 맡기고 늦은 저녁이 다 돼서야 데리러 오셨다. 나는 낮잠을 두 번 넘게 잤는데도 오지 않던 엄마를 기다리며 늘 유치원 현관을 바라봤던 기억이 지금도 선명히 난다. 나는 씩씩하게 기다리는 방법을 몰라서 엄마의 얼굴이 보이는 순간마다 자주 울었고, 엄마는 우는 나를 달래며 매번 미안해했다. 초등학교를 졸업할 무렵엔 회사에 다니던 엄마에게 친구들 부모님은 다 졸업식에 오신다는데 나만 아무도 안 올 것 같다며 투정 어린 소리를 하면서 꼭 와 달라고 엄마에게 신신당부했다. 그렇게 졸업식 당일이 됐고, 당일 아침까지도 바쁘다고 말하던 엄마가 정말 오지 않을까 봐 내내 강당을 두리번거렸다. 내 시선이 가는 곳에는 엄마가 보이지 않았다. 졸업식이 끝나고 친구들이 하나둘씩 마지막 인사를 한 뒤 부모님과 강당을 나가고, 홀로 속상해하다가 사람들 속에서 키 작은 우리 엄마가 발꿈치를 들고 한 손엔 꽃다발을 쥐고 나를 찾고 있는 것이 보였다. 엄마가 보이자 나는 또 울고 말았다. 생각해보면 엄마는 졸업식, 학예회, 공연, 가요제 등 내가 응원과 축하를 받고 싶을 때마다 회사에 반차를 쓰고 달려와 줬었는데 그때는 그 순간들이 뭐가 그리 당연했었고, 쉽게 섭섭한 감정이 들었던 걸까. 엄마의 시간엔 내가 그리도 가득 차 있었는데.

나는 잘 몰랐다. 엄마의 행동을 차츰 이해하게 될 때쯤이면 이미 다 큰 어른이 되어 있고, 엄마의 마음을 대부분 이해하게 될 때쯤이면 나도 누군가의 엄마가 되어 있을 거라는 걸. 가끔 멍한 표정으로 내 반복된 물음에도 답을 하지 않는 엄마를 보면 '아, 지금 엄마가 많이 지쳐있구나.'라는 것을 언뜻 눈치챌 수 있다. 드라마를 볼 때면 이따금 뺨을 적시는 엄마. 저리도 연약한 마음으로 엄마는 어떤 것들을 버텨냈던 걸까. 엄마의 주름이 평평했을 때부터 지금이 되기까지 마음 뒷면에 감춰둔 그 무게들은 내가 생각하고 이해할 수 있는 그 어떤 것보다 훨씬 무거웠을지도 모른다.

사라지는 밤
살아지는 밤

◆

　삶은 자주 감기에 걸렸고, 나는 때마다 앓았다. 한 짝만 남아버린 신발처럼. 종일 아무 알림이 울리지 않았던 휴대폰처럼. 하고픈 말을 잔뜩 써두었지만 차마 부치지 못했던 편지처럼. 쓸모없어진 마음을 고이 쥐고 있다고 여겨질 때마다 앓았다. 결국은 모두가 타인이었고, 꿈꿨던 것들이 자주 무너지고, 울지 못한 채 웃어야 하는 순간마다 마음은 자연스레 거센 비를 품는 연습을 했다. 그러다 뒤돌아 혼자가 되면 마음 구석구석에 자리 잡은 울음이 나를 톡톡 두드리다 쓰린 속에 남은 모든 것을 토해내듯 운다. 무거운 물음표를 달고 답변은 빈칸으로 둔 채, 수많은 물음만이 있는 밤, 몸을 새우처럼 굽히고 이 공허함을 달래려 최대한 끌어안는다.

그렇게 사라지는
겨우 살아지는 밤.

끝은 또 다른 시작

◆

'지금까지 해온 게 아깝지도 않아?'
'아깝지. 아쉽고. 그렇지만 앞으로 살아갈 날이 더 아까워.'

지겹게도 들은 얘기였다. '아쉽다' '안타깝다' '안쓰럽다' '네가 글을 쓴다고?' '안 어울려' '공부도 못했잖아' '그냥 취업해서 돈이나 벌지' 나의 뒷모습에 대고 쉽게 뱉어대던 비웃음 적인 말들. 물론 여태 해왔던 것을 사랑했던 만큼 아쉬움도 많이 남았고, 속상한 마음을 감추는 건 여간 어려운 일이긴 했다. 그 사람들에게 나는 '음악 하러 서울까지 갔다가 포기한 애', '실패한 애'로 치부됐다.

그때 내 나이는 고작 스물두 살이었는데.

나는 더러 사람들에게 변명하듯 말했다. 설명하려 아무리 애써봤자 안쓰럽게 보는 눈빛과 한심하게 쏘아대는 말들은 변하지 않았다. 끈기가 없구나 타박하는 사람도 허다했다. 몇몇 사람들은 포기를 너무도 쉽게 말했다. 그리고 쉽게 권했다. 나 또한 음악을 그만둔 이유를 떠올리지도 설명하고 싶지도 않았고, 속 시원하게 대답할 만한 답도 없었다.

 내 남은 생이 얼마나 길고, 얼마나 빛날지도 모르는 마당에 아쉬움을 질질 끌고 언제까지 남은 시간을 허비할 수만은 없는 노릇 아니겠나. 어느 순간부터 지금 내가 쓰고 있는 글들이 그 사람들에게 더욱 강하게 닿기를 바랐다. 그들이 비아냥거렸던 그때보다 나는 지금이 더 온전해졌으니까. 내가 충분하다 여기면 어느 정도 빛날 가치가 있는 꿈을 꾸고 있는 게 아닐까. 속상하고, 아쉽고, 안쓰럽고, 그런 걸 다 떠나서 지금 현재의 내가 괜찮다면 그냥 다른 변명 없이 그런 거라고. 언젠가 내가 쓴 것들이 당신들에게 충분한 답이 될 수 있도록 나는 지금 내가 더 행복해지기 위해서 할 수 있는 일을 하고 있다고. 시작이 있으면 끝이 있고, 끝이 있으면 또 다른 시작이 존재한다고.

한 발자국의 용기

◆

 '왜 그러지 못했는데?'하고 물으면 쉽게 입이 떨어지지 않았다. 생각 끝에 타이밍이 맞지 않았다고 답해보지만 나는 매번 머뭇거렸던 내 마음이 이유였다는 것을 안다. 한 발자국의 소중함은 늘 뒤늦게 알게 된다. 시간은 기다려주지 않으며 미뭇거리나가 이미 놓쳐버린 것이 우리에게는 얼마나 많은가. 결국은 머뭇거림에서 한 발자국의 용기가 타이밍을 만들고, 완벽한 타이밍은 늘 용기 있는 사람만의 특권이 된다.

늦은 안녕

◆

 버스 정류장을 지나서 나오는 첫 번째 골목길에서 직진을 하다 보면 작은 문방구가 나온다. 거기서 우회전을 하고 조금만 더 걸어가다 보면 작고 허름한 동네 식당 하나가 있다. 어두운 골목을 걷다 보면 그 가게만큼 다정하게 불을 비춰주는 공간이 없었을 정도였다. 그 가게 창문에는 '새벽까지 영업합니다.'라는 문구가 붙어져 있었고, 어떤 할머니 한 분이 오래도록 같은 자리에서 운영하셨던 곳이었다. 내가 자주 가던 식당이었고, 소주가 당기는 날엔 어묵탕을, 배가 고픈 날엔 제육볶음을 시키곤 했다. 할머니는 내가 오면 매번 즉석에서 김치전을 부쳐주셨고, 밥을 먹으러 오는 날엔 모자랄까 싶어 계란찜을 해주시곤 하셨다. 다정하게 이름을 불러주시고, 힘들어 보이는 날엔 웃으며 다독여주시기도 하면서 나를 참 예뻐해 주셨다. 낯선 서울에서 할머니는 내게 참 따뜻한 온기처럼 느껴졌었다.

그러다가 이사를 하게 된 이후에 그곳을 안 가본 지 3년이 지나버렸고, 오랜만에 들른 그곳엔 그 식당이 사라져 있었다. 그곳은 깔끔한 하얀색 간판과 요즘 유행하는 인테리어로 잔뜩 꾸며둔 카페로 바뀌었고, 허름했던 식당의 흔적은 어디서도 찾을 수가 없었다.

 '20년 넘은 식당이었는데 3년 만에 없어져 버렸다니.'

 돌아가기엔 아쉬워서 잠깐 들어가서 커피 한 잔을 테이크 아웃 하다가 카페 사장님으로 보이는 분에게 물었다.

"실례지만, 여기 카페는 언제부터 생긴 거예요?"
"이제 1년쯤 됐어요."
"혹시 카페 전에 있었던 식당에 대한 소식 아는 거 있을까요?"
"아, 그 식당 주인분이 많이 아프셔서 정리했다고만 알고 있어요."

 살아가면서 위안을 받았던 모든 것들이 영원할 수 없다는 것을 안다. 기억하고 그리워하고 추억하는 그 모든 것들은 언젠가는 아무렇지 않게 잊히고 우리는 사라져가는 것들을 붙들 수 없다는 것도 안다. 그건 자연스러운 거고, 그저 흘러가는 것에 불과하니까.

 그런데 그렇다 해도 애틋하게 남은 마음은 어쩔 수가 없다. 다정했던 장소가 사라지는 일은 너무 슬픈 일이니까. 늦은 안녕도 전해줄 수 없으니까.

후회

◆

 초등학교 5학년 때. 키가 크고, 체육을 잘한다는 이유만으로 배구 선수 제의를 받았고, 나는 약 1년이 넘는 시간 동안 선수 생활을 하게 됐다. 친구들은 학교를 마치면 학원을 가곤 했지만, 나는 학교를 마치고 곧장 체육관으로 향했다. 처음에는 공에 익숙해지는 과정이 재밌었다. 점차 훈련의 강도가 세지고, 거듭된 체력훈련에 몸이 지칠 때가 많았지만, 훈련이 끝난 뒤 매일 먹던 간식이 좋아서 그 힘듦은 빨리 잊히곤 했다. 훈련을 시작한 지 꽤 시간이 지나고, 우리는 첫 배구대회에 출전하게 됐다. 아직은 어색한 듯 쭈뼛대며 대회장으로 들어선 우리 팀은 그날 상대 배구단에 큰 점수 차로 완패를 당했고, 집으로 돌아가는 버스 안에서 팀원들과 엉엉 울었던 기억이 난다. 그 대회가 끝난 뒤로 조금 더 훈련 생활을 하다가 당시 배구보다 더 좋아하는 음악을 하기 위해서 선수 생활을 접게 됐다. 내가 그만둔다는 말을 꺼내자 당시 감독님은 그때 맡고 계셨던 다른 큰 배구단에 들어가서 선수 생활을 해보지 않겠냐는 제안을 해주셨지만, 나는 정중히 거절하고 다시 일상생활로 돌아왔다.

아주 가끔 그때 내가 선수 생활을 접지 않고 감독님의 말씀처럼 더 큰 배구단에 들어갔더라면 지금의 내 삶이 좀 바뀌지 않았을까 싶은 후회가 들기도 했다. '그때 그랬더라면, 그때 그러지 않았더라면.' 후회하지 않기 위해서 했던 선택들이 뒤늦게 후회처럼 다가올 때가 있다. 그때의 상황을 '만약'이라는 말로 현재에 대입한다는 건, 어쩌면 지금 내 현재가 불행해서, 과거를 더듬거리며 구태여 나를 합리화하고 싶은 마음일지도 모른다.

사유

◆

 우리에겐 이유 불문 그럴 수밖에 없는 일들이 있다. 할아버지의 병이 그랬고, 아픈 손가락 같았던 친구가 세상을 떠나고, 낡아가는 시간을 붙들지 못하는 것처럼 바꿀 수 없다는 사실에 한없이 연약해져도 어느 하나 탓할 수도 없는 일. 자꾸 움직이는 나의 발목을 붙잡는 익숙하고 덧없는 이 불변의 사유.

빈곤한 젊은 날

◆

 어수선한 날씨가 지속되던 스물다섯의 빈곤한 봄, 하루 끝에 적는 일기엔 그날그날의 나태함을 지적하며 어설픈 자학으로 대충 얼버무린 말들이 빼곡히 적혔다. 그리고 침대에 누워 밤새 뒤척이다가 해가 뜬 지 한참이 지나서 잠이 들고, 소란스러운 오후의 소리에 눈을 뜬다. 2년째 반복되고 있는 지겨운 생활 리듬.

 세상 불같이 화를 내본다든지, 서럽게 엉엉 울어본다든지, 배 아프게 껄껄대며 웃어본다든지, 한껏 다정하게 사랑한다는 말을 건넸던 적이 언제쯤일까 싶었다. 누군가에게 또는 나에게조차 솔직한 감정을 표출해본 지가 희미할 만큼 무미건조한 일상.

 별반 다를 거 없었던 어제와 비슷한 나의 모습. 꽤 오랫동안 잠들기는 어렵고 깨어나기엔 눈꺼풀이 무거운 하루하루를 보내고 있다. 하루의 시작은 화장실 거울에 비친 지겨운 듯한 표정을 바라보며 시작된다. 너저분하게 정리되지 않은 책상 앞에 앉아 노트북을 켜고서 첫 끼니는 한숨으로 대체한다. 시선은 노트북에 고정한 채 아무 표정 없는 얼굴로 조촐한 글을 쓴다. 어느새 뉘엿뉘엿 창밖의 해가 지고 어둑한 하늘과 가로등에 불이 켜질 때쯤 첫 끼이자 마지막 끼니를 먹는다.

알면서도 무표정으로 넘겨버리는 어젯밤 일기장에 새겨둔 다짐들. 나의 하루는 내게 어떠한 힘도 내던지지 않는다. 나아가는 건지 뒷걸음치는 건지도 모를 만큼 대단할 것도, 비교적 나아간 것도 없는 어제와 비슷한 하루를 산다. 다시 또 새벽이 짙어지면 일기장을 꺼내어 잡다하게 줄지어있는 생각들을 아무렇게나 나열해본다. 정처 없이 백지에 적히는 마음엔 또 하나의 자책의 말이 쓰인다. 너무도 볼품없이 스쳐 가고 있는 나의 젊은 날. 나는 분명 지나고 보면 돌아가고 싶어질 시절을 살아가고 있는데 도무지 기억하고 싶은 게 없다.

후에 '그때 나 좀 지겹게 살았던 것 같아.'라고 허무하게 말하고 싶진 않은데.

유리병

◆

 깊게 들여다보지 않으면 들키지 않을 거라며 나도 모르게 괜찮다는 말 뒷면에 숨겨두었던 말들은, 실은 겹겹이 더 단단하게 굳어있는 상처가 되어 있었다. 내 마음은 어딘가 깨져있는 유리병 같았다. 자칫 잘못하면 깊게 베여 한참을 따끔거리게 만들었다.

손글씨

◆

 초등학교 4학년 때, 담임 선생님께서는 흔히 아는 궁서체처럼 반듯한 글씨체를 연습시키곤 하셨다. 수전증이 있었던 나는 깔끔한 글씨를 쓰려고 손에 힘을 주어야 했고, 한 글자를 쓰더라도 많은 정성을 들여야 했다. 그러다 보니 핍기를 따라갈 속도를 낼 수 없어서 일찌감치 반듯한 글씨를 포기해버렸다. 그렇게 손이 가는 대로 쓰면서 나의 어린 시절은 흘러갔다.

 글을 쓰게 된 이후에 처음으로 인스타그램 손글씨 릴레이 챌린지에 참여할 기회가 생겼고, 문득 글을 표현할 때 손글씨와 함께 표현하면 감정 전달에 더욱 좋지 않을까 하는 생각이 들어서 나는 글씨를 쓰기 시작했다. 그 후 글의 일부분을 필사한 삐뚤빼뚤한 내 글씨를 글과 함께 올리기 시작했다. SNS에 널린 예쁘고 반듯한 글씨체 사이에서 내

글씨는 가장 부족해 보였고, 그때부터 하루에 짧으면 1시간, 길면 6~7시간 동안 펜을 잡고 종이에 글을 쓰는 연습을 했다. 글자의 모양을 길게도 해보고 둥글게도 써보면서 나에게 맞는 선을 찾아갔다.

그렇게 1년이 지났을까. 나의 글씨는 그전보다 확연히 달라졌다. 습관을 들이는 일은 꽤 지루하게 느껴졌지만, 그 사소함을 반복하다 보면 언젠가 자연스럽게 나에게 익숙해진다. 분명 사람마다 모두 다른 펜을 사용하고, 필압도 모두 다를 수밖에 없었을 텐데 어릴 적 나는 너무 반듯하고 예쁜 글씨에만 초점을 맞췄으니 어렵게만 느껴졌던 게 아닐까. 결국, 글씨엔 그 어떤 정답도 없는데 말이다.

우리, 반듯하지 않아도 좋으니 나만의 선을 찾아가자. 너무 완벽하게 살려고 많은 힘을 주지 말자. 그저 손이 가는 대로 조금씩 다듬어보면서 꾸준하게. 결국, 삶도 글씨처럼 그 어떤 정답은 없으니까.

불면

◆

 하루가 다 지나가고 나는 침대에 누워 방 천장을 가만히 바라봤다. 자야지 하고 일찍 누웠지만 어둡고 기나긴 새벽까지도 잠들지 못하고 눈을 꼭 감아봐도 정신이 흐릿해지지 않는다. 잠들지 못한다는 건 이 현실에서 어디론가 도망칠 수도 없다는 뜻이었다. 째깍째깍 시계 초침 소리에 심장이 몇십 번이고 찔리는 것 같았다.

피아노

◆

 자꾸 미뤄둔 하얀색 알약을 먹고 잠든 밤, 꿈에선 익숙한 공간이 나왔다. 1평 남짓한 공간에 피아노 한 대와 스피커 하나가 전부였던 회색 벽지의 방. 나는 피아노를 치며 노래를 부르기 시작했고 꿈속에 나는 여태 연습했던 소리 중에서도 가장 좋은 소리를 내고 있었고, 한참 동안 노래를 했다.

 그리고 꿈에서 깨어났다. 오전 11시가 넘어가는 시간이었고, 나는 반나절이 넘는 시간 동안 잠들어있었다. 그러다 내 이름을 부르는 엄마의 목소리가 들렸고, 엄마는 방문을 열고 말했다.

 "너 베란다에 둔 피아노 안 쓸 거면 엄마가 아는 사람 아들 줘도 돼? 취미로 치고 싶다는데. 괜찮아?"

중학교 때, 엄마에게 떼를 써서 샀던 전자 피아노였다. 비싸고 좋은 건 아니었지만, 여기저기 나의 손길이 닿은 거였다. 음악을 그만둔 시점부터 시간이 갈수록 건반을 치는 날은 줄었고, 언젠가 다시 음악을 할 수 있는 날이 오기를 바랐지만, 현실은 공간을 차지한다는 이유로 결국엔 방에서 베란다로 밀려나 방치되어 있었다. 나는 오늘 꾼 꿈에 대해서 생각해야 했다. 이게 과연 미련일지 아쉬움일지.

"아니. 나 칠 거야. 그리고 그렇게 좋은 것도 아니고 오래돼서 누구 주기가 좀 그래."

나는 다시 또 한 번 미뤘다.
마음속 어딘가에 꾸깃꾸깃 접어둔 꿈을
언젠가는 다시 펼쳐볼 수 있을 거라 기대하면서.

저마다의 속도

◆

 남들만큼 살고 싶어서 마음에 무거운 단추를 채우던 밤을 버려야 해. 억지로 남들의 알람 소리에 깨어나지 않고, 다른 사람의 속도에 맞추려 전력으로 질주하지 않아도 돼. 우리 모두에게는 저마다 살아가는 속도가 있으니까. 졸린 마음에 선잠 잘 시간을 주면서 나는 나답게 나만의 방식으로 최선을 다해 살아가면 돼.

인간관계에 관하여

Part 2

결국엔 부질없대도
놓치고 싶지 않은 것들에 대하여.

누군가에게 상처 입힐 거라는 것,
누군가에게 상처 입을 거라는 것.

애쓰지 말아요.

◆

 미안한 상황이 아닌데도 사과를 건네면서까지 관계를 유지하는 데 필요 이상의 노력을 하게 될 때가 있다. 지나온 지금 생각해보면 왜 그렇게 끝나버릴 관계에 많은 감정을 쏟아부었나 싶은 생각이 들 정도다. 수많은 타인과 인연을 맺었지만 나와 다른 사람들은 너무도 많았고, 변덕스럽고 복잡한 성격을 지닌 사람과 함께하면서 하고 싶지 않은 행동을 하기도 했고, 하고 싶지 않은 말을 입 밖으로 뱉으며 당연한 듯 감수했던 관계들. 결국, 모두는 나와 같을 수 없는 존재였는데 서로의 중간지점을 찾아대며 가늘게 떨리는 내 원 안에 그 사람들을 두려고 했다.

 그러나 그렇게 맺은 관계들은 아무리 곁에 있어도 나를 외롭게 만드는 일에 지나지 않았다. 같이 있어도 같을 수 없다는 사실을 인정하다 보면 생각보다 덜 힘들게 관계를 정리할 용기가 생기기도 한다. 서서히 내게 불필요한 관계를 정리하다 보니 내가 굳이 애쓰지 않아도 어느새 내 안에 들어와 있는 존재들만 남겨졌다.

무례한 말을 던지는 사람이 있다면 내 안에서 걷어내고, 애써 맞지 않는 관계에 연연할 시간에 좋은 인연을 더 품어주기로 하자. 불필요한 존재를 삶에 들이지 않는 건 내가 더 온전해지고 행복해지는 방법이다. 자연스럽게 햇살이 드리워지듯 그런 존재는 언젠가 나타날 테고, 그 단 한 명이라도 나의 가치를 알아주고 이해해준다면 그것만으로도 우리는 온전히 버텨갈 힘이 생기기 마련이다.

우리, 나를 불행하게 하는 것에 너무 많이 애쓰지 말자.

우리,
나를 불행하게 하는 것에 너무 많이 애쓰지 말자.

혼자

◆

 한때 나를 견딜 수 있게 하던 존재들이 어느새 나를 견딜 수 없게 만들기도 했다. 내 삶 속에 살았던 누군가의 부재를 실감할 때마다 나는 잊어버린 혼자만의 시간을 찾아다녔다. 틈이 날 때마다 조금씩 조금씩 나를 옥죄었다. 다정한 말을 해주는 이가 없으면 내가 나에게 다정해지면 된다고. 나를 울게 만드는 것들에게 지지 않으려고 부단히 애써야 했다. 혼자여도 괜찮아져야 했다.

겁

◆

그리 가깝게 다가가지 않는다
그나마 조금 가까워지면
한 발자국 뒤로 물러나는 습관이 있다
겁이 많아져서 그렇다.
누군가에게 상처 입힐 거라는 겁
누군가에게 상처 입을 거라는 겁

*누군가에게 상처 입힐 거라는 것,
누군가에게 상처 입을 거라는 것.*

모두를 안고 살아가려 하지 않는다.

◆

 삶을 살아가면서 우리는 수많은 타인을 만나게 된다. 나의 인간관계는 그렇게 많은 사람을 만나면서 조금씩 어수선해지기 시작했다. 정을 쉽게 주는 사람이라 한때는 누군가를 만나는 것만으로도 좋았고, 많은 사람과 어울리는 게 내가 좋은 사람이 되어가는 과정이라고 생각할 때가 있었다. 마음이 허전해지면 쉽게 사람들에게 손을 뻗고 공허해진 마음을 채우기에 바빴다. 내 일상의 빈틈을 만들지 않으려고 일주일을 꽉 채워서 약속을 잡을 정도로 일상엔 그만큼 많은 사람이 머물렀다.

 나의 삶은 많은 사람을 들일수록 그만큼의 사람이 떠나감과 동시에 필요 이상의 상처들이 마음을 갉아먹었다. 모두에게 좋은 사람이 되는 일은 나 자신에게 결코 좋은 사람이 되어줄 수 없는 일이었다. 어느 순간부터 주위가 아무리 화려해도 공허하고 외로울 수 있다는 것을 깨달았고 사람들 속에 있는 나는 불행에 가까운 모습이었다. 그 후부터 차츰 불편한 인연을 자르고, 조금씩 나와 맞는 사람들로 걸러지다 보니 그때 그 사람들은 온데간데없고, 한 손에 꼽을 정도의 몇 명만이 남았다. 요즘은 그때만큼 일상에 빈틈을 채우려 불안을 욱여넣지 않고, 모두를 안고 살아가려 하지 않는다. 화려한 무언가에서 일부러 행복을 뒤적거리려 애쓰지 않으니까.

시간이 흐르니 많은 타인들보다 내 곁에 누가 있느냐가 더 중요해진다. 어쩌면 빽빽한 숲에서 갖가지 열매와 화려한 꽃들이 때로는 더 넓은 세상을 볼 수 없게 내 삶의 시야를 가리고, 그곳에 가둬버리고 있었을지도 모르겠다. 우리의 삶은 영원하지 않으니 사랑하는 사람들과의 시간을 더 오래 즐기는 게 내가 더 좋은 사람이 되게 만든다는 것을 결코 잊으면 안 된다.

불필요한 관계는 조금씩 베어낼 수 있기를.
삶이 갈증 날 때,
물 한 잔의 존재가 되어주는 사람이 곁에 있다면
우린 그것만으로도 충분할 테니까.

그대가 자주 행복하기를 바랍니다

◆

 가끔 울더라도 타인의 눈치를 보며 마음이 눈을 감지 않기를. 주저하더라도 결국엔 정면에 맞설 수 있기를. 일상의 고단함과 마음의 어수선함이 곧 불행이라 여겨지지 않기를. 무엇보다 내일은 나를 함부로 대하는 사람에게 무너지지 않기를 바랍니다. 오늘도 매서운 찬바람은 불었고, 아침이 되기 싫어 휴대폰을 손에서 쉬이 놓지 못하더라도 그대의 하루 끝이 무사하기를 바랍니다.

그리고 그대가 자주 행복하기를 바랍니다.

되새겼다.

◆

 쥐고 살아가는 오래된 것들에 대하여. 물집이 잡혔다는 것을 알면서도 손에 쥘 때가 있고, 입안에서 턱턱 걸리는 씁쓸함에도 막상 웃어줄 수밖에 없는 것이 있다. 자꾸 되새겼다. 그래도 소중하다고. 그리고 자주 울었다. 결국엔 부질없대도 놓치고 싶지 않은 것들에 대하여.

소중했던 사람들

◆

 마지막 인사를 건네지도 못했는데 멀어져 버린 사람들에 대해 자주 생각한다. 한때 어깨가 닿을 만큼 나란히 걸었던 사람들. 그러나 정확히 어느 지점이라고 짚어낼 수도 없이 어느 순간 툭 끊겨버린 사이로 남겨진 사람들. 결국 시간에 밀쳐지듯 멀어져 버리는 게 어쩔 수 없는 인연이라 여기다가도 추억이 불쑥 고개를 내밀 때면 그때 밀려오는 그리움은 어쩔 도리가 없다.

 한때 서운한 모든 것을 꺼내두고 싸워도 봤던 우리가 이토록 서로에게 무관심해지기까지 오랜 시간 조금씩 포기해 왔던 걸까. 때론 상대방을 배려한답시고 갖가지 핑계로 침묵했던 우리가 혹시 서로에게 조금만 더 솔직해지려 노력했다면 어땠을까. 안다고 여겼던 것들을 다시 입 밖으로 다짐했다면 지금쯤 우리는 어땠을까. 당연했던 마음이 절대 당연하지 않았단 걸 깨닫고 한 번쯤 고맙다는 표현을 했다면 우리의 인연이 인사도 침묵한 채 소리 없이 헤어지는 일은 없지 않았을까. 세월이 가로막고 있었던 현실에 익숙해지고 불편했던 순간들이 조금씩 이해된다 해도 우린 서로에게 그때처럼 기꺼이 먼저 손 내밀지 않을 것이다. 더는 서로에게 필요한 존재가 되어줄 수 없다는 걸 이제는 아닐까.

　오랜 우정도, 어린 날의 추억도, 정확히 가늠되지 않았던 헤어짐의 시기조차. 우린 더는 설명하지 않고 변명하지 않기로 무언의 약속을 한 것일까.

소중한 것은
사라지지 않으면 잘 모를 때가 많다.
생각보다 자주 놓치면서 살아간다.
한때 많은 것을 털어두며 나의 일상 속에 살았던
소중했던 인연을.

마음의 속도

◆

 누군가는 아침을 먹기 위해 조금 더 일찍 일어나고, 누군가는 아침을 거르고 잠을 조금 더 자기도 한다. 누군가는 밤 11시가 되면 습관처럼 침대에 누워 잠이 들고, 누군가는 가장 조용한 시간을 기다리다 탁해지는 창밖의 하늘을 보며 눈을 감는다. 비슷한 상처를 받아도 어떤 사람은 뒤돌아 걸으면 잊어버리고, 어떤 사람은 종일 마음속에 담아두며 결국 밤을 지새우기도 하듯 우리는 자신만의 걸음 속도로 제각각의 모습으로 살아가고 있다. 그러니까 우리는 모두 다 다를 수밖에 없는 존재라는 것이다. 밖에선 단호함을 잃지 않았던 사람이 집에 들어서자마자 자신의 고양이에게 온갖 따스함과 다정을 건네는 것처럼. 누군가의 한 장면만 보고 단정 짓지도 말고, 그 사람 그대로의 모습을 존중하려 노력해야 한다. 너무 비장할 필요도 없고, 너무 깊이 이해하려고 하지 않아도 된다. 각자가 살아가는 방식은 모두 다 다르고, 그런 두 사람이 하나의 우리가 되는 일은 쉽지 않을 수밖에 없으니 서로를 대하는 태도가 조금 어설퍼도 기다려주자.

살아가다 보니 좋았던 사람을 마음의 속도로 인해 놓쳐버리는 순간이 종종 있었으니까.

살아가다 보니 좋았던 사람을 마음의 속도로 인해 놓쳐버리는 순간이 종종 있었으니까.

잔뜩 헝클어진 그대에게

◆

 인연은 끝일지언정 기억은 끝이 없어서 꼬리에 꼬리를 물고서 더 아름다워질지도 더 초라해질지도 모를 일이지요. 그저 고요히 그 사람과의 기억이 모서리부터 연해지기를 바랄 뿐이에요. 다시 계절을 따라 지내다 보면 흐릿해진 것들이 분명해지면서 후에는 온전해질 거예요. 그러니 누군가와의 인연의 끝에서 당신이 너무 헝클어지지 않기를 바라요.

필요 없는 존재

◆

인간관계에서 가장 비참해지는 순간은,
상대방이 내게 무심히 멀어짐을 느낀 순간보다
헤어짐을 받아들이는 순간보다
그 사람에게 더는
내가 필요 없는 존재가 됐다는 걸
직감한 순간이었다.

비워내기

◆

 십 년이 넘도록 고집을 부렸던 긴 머리카락. 나의 오랜 시간을 결국 잘라냈다. 힘없이 바닥에 떨어진 나의 머리카락을 보니 오랜 시간 동안 온갖 뜨거운 열들을 감당하느라 잔뜩 푸석해져 있었고, 머리카락을 자르기 전에 했던 걱정 또는 속상함을 느낄 때와는 달리 한결 부드럽고 가벼워졌다. 마치 이미 필요 없어졌다는 것을 깨닫고 쓸모없어진 존재를 비워낸 기분이랄까. 시선을 옮겨 거울에 비친 단발머리를 보며 조금 낯설고 어색해진 딱 그 정도의 마음만이 남았다. 가끔은 오래된 것들을 잘라내는 것만으로도 지금의 나를 사랑할 수 있는 방법이 되기도 한다. 오래된 것이라고 해서 가치가 더 빛나는 것만은 아니었으니까. 그것이 관계든 마음이든. 어쩌면 오래전부터 쓸모없어진 무언가를 질질 끌었던 나의 미련 따위일 수도 있다.

떠나보낸 무언가.
조금 아쉽고 아직은 어색하지만,
한결 가볍고 머지않아 익숙해진다.

비워내기

정리

◆

 다 쓴 마음을 원래 있었던 자리로 되돌려 놓는 일은 어려운 것이다. 나를 울게 만든 것들이 언제 그랬냐는 듯 아무렇지 않은 척 살아가야 하는 일, 추억을 버리는 일은 이따금 괴로웠고 한순간 정리되지 않았다. 결국은 버리려고 애쓰고 애쓰다 몇 번을 다시 담기를 반복하겠지. 나는 두서없이 애틋한 이 마음을 모조리 쓸어 담아 그늘져 보이지 않는 곳에 툭 던져두고는 너를 버렸다고 말하며 도망치듯 지낼지도 모른다.

언젠가는 버려질 것이다.
아직은 되뇌는 탓에 손에 쥐고 있지만,
반드시 언젠가는 버려질 것들.

용기

◆

 '너는 상대방에게 너무 싫은 소리를 못 하는 것 같아.'라는 말을 종종 듣는다. 늘 소심했던 성격 탓을 하며 해야 할 말을 잘하지 못했던 나는 늘 애매모호해진 타인과의 거리를 유지하는 일이 어려웠고, 그 관계가 불필요해질 때쯤 정리하는 일이 가장 힘겨웠다.

 '인간관계에 너무 연연하지 말 것' 스물이 넘고서 가장 되새긴 말이었음에도 연연하지 않은 적이 없었고, '모두에게 좋은 사람이 되려고 애쓰지 말 것' 그래 봤자 미움받을 용기가 없으니 늘 견디는 쪽을 택했다. 오히려 그게 쉽다고 여겼다.

 내가 조금 손해를 보더라도 관계를 위해서 행했던 모든 행동이 결과적으로 나를 어설픈 사람으로 만들어갔다. 배려랍시고 했던 행동은 누군가에게 너무도 당연한 권리처럼 치부됐고, 어느새 나는 만만하고 순진한 사람이 되어 있었다.

조금은 더 이기적으로 살아감에 용기 내기로 한다.
견디는 것만이 정답이 아니란 걸 너무도 잘 아니까.

착하다는 말 뒷면에 숨겨버린 진심을 꺼내둘 용기.
미움받아도 연연하지 않을 용기.

마음이 더디다

◆

 나 오늘 정말 바빴어. 아침부터 분주하게 해야 할 일들이 많았거든. 하루를 마치고 집에 오는 길엔 발걸음에 커다란 돌을 묶고 걸어가는 것처럼 한 걸음 한 걸음이 너무 무거운 거 있지. 평소 같았다면 이어폰을 꽂고 빠른 걸음으로 집에 왔을 텐데 온종일 나를 잡고 있던 긴장이 풀리고, 종일 쉬었던 생각을 이제야 다 하느라 발걸음이 느려지더라고. 그러다 당장 누구에게라도 쏟고 싶어서 휴대폰 연락처에 들어가 내리고 내리다 멈칫한 곳엔 네 이름도 있었지만, 통화버튼에 손이 안 가더라. 포기하고 친구에게 걸까 싶어 스크롤을 더 내려 봐도 그 누구에게도 못 걸겠더라. 분명 내 주위엔 좋은 사람이 많은데 나만 힘든 건 또 아니다 싶어 삼켜가는 모습이 많아져 가.

너는 뭐 하고 있으려나. 서로 오늘 있었던 일들을 나열하면서 같이 맥주도 마시고, 일부러 더 화내주고, 다독여주다가 눈이 마주치면 배시시 웃어버리며 하루의 투정을 날려버렸던 우리가 보고 싶다. 울적한 기분에도 서로의 마음을 맞대면 어느새 편하게 잠들었던 일상이 그립다. 오늘 같은 날이 반복될수록 떠오르는 과거의 우리. 내가 나를 위로한다는 건 참 힘든 일이었구나. 지금 곁에 은근한 목소리로 '그랬구나.'하고 답해주던 네가 있었으면 좋겠다. 그때의 우리가 있었으면 좋겠다.

어느새 모든 건 닿지 못할 투정이 됐네.
부쩍 바람이 차다.
이제 서둘러서 집에 가야지.

너였다는 이유만으로

◆

이 넓은 세상에서
너 하나로 울고
다시 너 하나로 웃었다면 말 다 했지.
내게 그때의 시절에는
너였다는 이유만으로
기억에서 꽃이 피어나.

나사 하나

◆

나는 헛돌던 나사 하나.
네 빈자리에 끼워 맞춰지지 않고
홀로 겉돌다가 내팽개쳐진 존재.
맞지 않단 이유로 멀리 던져진 존재.
나는 너와 우리가 되지 못하고
홀로
헛돌다가
겉돌다가
헛되다가
그렇게 어느새
너에게서 사라져버린 존재.

우는 방법

◆

어릴 때는 큰 옷을 입고, 화장을 덧칠하고, 구두를 신고서 바빠 보이는 발걸음으로 걸어가는 거리 위의 모든 어른을 동경하기도 했다. TV에서 봤던 하이틴 영화처럼 캠퍼스를 걷고, 사랑을 하고, 어릴 때 친했던 친구들과 어른이 되어서도 만나고, 이루고자 했던 꿈을 이루고, 내가 원했던 인생을 살 수 있을 거란 광범위하고도 낭만으로 꽉꽉 들어찼던 바람과는 너무도 다른 현실.

어른이 되어간다는 것은 조그만 것에도 무게를 지니는 일이었다. 섣불리 정의를 내리지도 않고, 표현할 때 나의 감정을 앞세우는 것보다 상대의 감정을 존중하면서 그 중간의 타협점을 찾아낸다. 그러니 조금씩 남들에게 자신의 감정을 표현하는 것은 무뎌지고, 이해하고 인정하는 연습을 한다.

모든 인간관계는 적당한 상호작용이 필요했고, 나이가 들어도 이것은 결코 쉬워지는 일은 아니었다. 다만, 나와 비슷한 타인들이 남겨지면서, 익숙한 관계들과 익숙한 편안함을 선호하게 된다. 누군가를 좋아하게 되는 일도 그렇다. 쉽게 좋아하고 어렵게 떠나버리는 것들에 마음을 주는 일이 극히 드물다. 오히려 깊어지기 전에 마음을 접는 게 더 쉬워지고, 포기하는 것에 익숙해진다. 순간의 감정을 내세웠다가 결국 더 아픈 대가를 받지 않기 위해서.

울어야 하는 일들은 점차 늘어나는데
어느새 우리는 눈물을 흘리지 않고도
울 수 있는 방법을 익히고 있었다.

늘 너였다

◆

추억은 내 이름을 자주 불렀다.
그래서 나는 자주 뒤돌았다.
기억의 조각은 잘 어긋나면서도 가끔 완성됐다.
사라졌다가도 다시 존재하는 게
내게는 늘 너였다.

너의 봄

◆

 한때는 누군가가 내 세상의 기준이 될 때가 있었지. 걷는 거리 위에 존재하는 모든 것들에 의미를 부여하고, 새벽이 가고 당연하게 아침이 오는 것처럼 거스를 수 없이 그 사람 따라 세상을 살아가기도 했단다. 그런데 있잖아. 그만큼이나 단언하며 사랑했던 사람도 결국엔 나 자신에게 아무것도 아니게 되는 날은 온단다. 너무 울지 말거라. 너의 봄은 잠시 저문 것뿐이니.

친구의 문자

◆

'혜진아, 잘 지내? 보고 싶다. 생일 축하해!'

내가 일방적으로 관계를 멀리했던 친구로부터 연락이 왔다. 서울에서 자취할 때 알게 된 친구였는데 그 친구는 밥을 잘 먹지 않는 사람이 있으면 자신이 직접 도시락을 싸서 그 사람이 있는 곳으로 가져다줄 정도로 정도 많고 사람을 좋아하는 듯 보였다. 한때는 나도 그런 친구를 좋아했지만, 알아갈수록 조금씩 뒷면에 숨겨진 모습이 보였다. 그 친구는 알게 모르게 반복적으로 내게 상처를 줬다. 사람들 사이에서 이간질한다거나 서운한 점을 말하면 자신은 그런 행동을 한 적이 없다며 잡아떼곤 했다. 그 친구는 필요 이상으로 사람들에게 보이는 모습을 걱정했다. 좋은 사람으로 남겨지고 싶어서 노력하다가 자신의 잘못으로 상처받는 사람이 있으면 모른 체했고, 또 버림받거나 미움받는 일은 못

견뎌 했다. 나는 알 수 없는 친구의 행동에 점점 지쳐 연락하지 않기 시작했고, 결국엔 몇 개월간 연락하지 않은 채로 자취를 끝내고 본가로 내려가게 되면서 자연스럽게 관계가 끊겼다.

 그런데 반년이 지난 내 생일 날에 그 친구로부터 연락이 온 것이다. 아무렇지 않아 보이는 친구의 연락은 나를 혼란스럽게 만들었다. 먼저 안부를 물어오는 친구에게 그래도 인사라도 하고 올 걸 하는 후회가 잠깐 들었고, 당시에 상처받았던 나를 모른 체했던 그 친구의 태도가 떠올라 다시 미워지기도 했다.

 결론적으로 나는 그 친구의 연락에 답장하지 않았다. 그 친구와 함께했던 나날에 나는 실망하고 상처받은 기억이 더 많았고, 그 일련의 기억들을 굳이 연장하고 싶지 않았다.

 살아가면서 우리는 하고 싶은 것만큼
하고 싶지 않은 일을 하지 않는 것 또한 중요하니까.

헤어질 용기

◆

'놓을까 말까' 답을 알고 싶을 땐
서로의 하루에 각자의 존재를 확인해보면 알 수 있다.
사랑하는 사람의 하루에 내가 없더라도
곧잘 살아갈 거라는 것을 알았을 때,
나는 너와 헤어질 수 있는 용기를 얻는다.

폐기되어버린 마음

◆

'누구에게도 발설하지 못한 속마음을 두고 가십시오.'

이 문구가 적힌 작은 상자 속엔 얼마나 많은 사람이 마음을 두고 갔을까. 이미 떠나간 이에게 전하지 못한 말, 삶에 찌들어 피폐해져 가는 자신에게 하는 말, 꺼내두기 싫은 작고 큰 상처들. 우리에게는 저마다 누구에게도 말하지 못하고 폐기되어버린 마음이 있다. 맘속에 수많은 문장을 적고 그중 다스린 문장만을 골라 입 밖으로 뱉는다. 뱉어지지 못하고 입안에 걸려버린 수많은 문장은 마음속에 도로 잠겨있다. 나의 투정이 누군가에겐 짐이 될 때가 있고, 진심은 때론 왜곡되어 잔인하게 해석될 때도 있으며, 가끔은 꺼내둔 말이 참혹한 결말을 가져올 때도 있으니 우리들의 숨겨둔 말들은 참 외롭고 겁이 많다.

나는 바람이었나요.

◆

나는 바람이었나.
너에게는 보이지도 않고,
너의 곁 어디에도 내려앉지 못하고 서성이다
기껏 너의 머리칼 한 번 흩트려 놓고
날아가 버리는
어디서 잃어버렸는지도 모를
고작 텅 빈 존재.

다 지나간 마음을 줍지 말아요.

◆

 그대는 왜 어딘지도 모르게 흘린 마음을 매일 밤 찾으러 다니나요. 밤하늘에 대고 하염없이 새어 나온 울음에 왜 결국은 그대를 탓하고 마나요. 오늘 밤, 그대의 슬픈 감정이 한 곳에서만 머물다가도 내일 밤엔 보이지 않기를 바라요. 우리, 다 지나간 마음을 줍지 말아요. 다시 쥐고선 나를 미워하는 밤을 보내지 말아요.

가난한 마음

◆

지나가더라도 너무 멀리 가진 않았으면 좋겠어
갈 땐 가더라도 아주 가 버리진 않았으면 좋겠어
너의 일상에 우리가 함께했던 기억이
내내 말을 걸었으면 좋겠어
나의 일상에도 너의 부재가 익숙해져 갈 때쯤
적막한 내 꿈에 한 번 들려주라.
나 하염없이 너의 눈을 맞추고
쌓여있던 나의 가난한 마음을 줄게.

네 생각

◆

그 계절의 새벽,
타닥타닥 빗소리.
조금 열린 창문 사이로 나는 비 냄새.
스피커에서 흘러나오는 잔잔한 음악.
한참 이따금 눅눅한 마음.
그 어디쯤 서성이다 겨우,
네 생각.

잘 지내고 있어?

◆

 어제는 갑자기 그 시절로 돌아가는 꿈을 꾸었어. 교복을 입었고, 창가 쪽 맨 끝자리에서 창문 쪽으로 고개를 돌리고 수학 선생님의 열띤 문제 풀이를 자장가 삼아 눈을 감고 있었지. 정겨운 종소리가 들리면 우리는 하나같이 교실 뒤쪽에 둥글게 모여 앉아 홍삼 게임을 하고, 점심시간엔 공을 가지고 나가서 피구도 하면서 온통 우리들의 세상이었던 시절로 다녀왔어. 시간은 뭐가 그리 급하게 흘러버렸는지 기어코 현재로 흘러왔고, 뒤돌아보면 함께 웃었던 우리의 모습이 저만치서 흐릿하게 손 흔들고 있네.

 언제쯤이었더라. 우리가 서로의 어제에 있었고, 오늘도 있었고, 내일도 곁에 있을 당연한 존재로 여겼었던 때가.

 어느덧 우리는 각자의 현실에 익숙해졌고, 서로가 서로

의 모든 위로였던 그때와 달리 지금은 많은 감정을 홀로 묵묵히 견뎌보며 두 다리에 힘을 주고 서 있는 버릇을 들이는 어른이 되어버렸어. 어떤 날엔 한참 달라져 버린 우리가 아쉽기도 하고, 기특하기도 하고, 조금 안쓰럽기도 해. 가끔 버겁다는 말을 할 때면 그때만큼 큰 힘이 되어주지 못함을 느끼고, 막상 해줄 수 있는 거라곤 술 한 잔을 같이 넘기며 서로의 마음을 조용히 들어주는 일뿐이더라고. 살아가다 보니 위로는 생각보다 훨씬 더 어려운 일이었던 거야.

그래도 우리, 마음이 약해지는 것 같을 때마다 함께 걸어주고, 좋았던 기억을 회상하면서 툭툭 털고 다시 일어날 수 있도록 곁을 묵묵히 지켜주는 서로의 오랜 나무 같은 존재가 되어주자. 사는 게 바빠서 다들 잊고 사는 것 같아도 누군가 먼저 '잘 지내고 있어?'하고 안부를 물어온다면 잊고 산 시간이 무색하게 환하게 웃어주기로 해. 그럼 우린 다시 이어지는 거야.

잘 지내고 있어?
부디 너의 밤이 무사히 지나가길 바라.

잘 지내고 있어?
부디 너의 밤이 무사히 지나가길 바라.

뒤늦은 후회

◆

 단지 몇 마디로 그때의 너의 하루를 다독여줬더라면, 울고 있는 너에게 이유를 묻지 않고 그냥 안아줬더라면, 네가 기댔을 때 두 다리에 조금 더 힘을 주고 버텼더라면, 너의 하루에 내가 한 번이라도 더 존재하지 않았을까. 온 힘을 다했다고 생각했던 순간들과 애써 묻지 않고 묻어둔 마음들은 여지없이 후회를 남긴다.

어떤 상처가 될래

◆

'너는 어떤 상처가 될래?'

 묻고 싶었다. 선한 미소를 지으며 예쁜 마음을 말하고 있는 너에게. 사랑의 첫 모습은 항상 닿지 않을 것처럼 닮았으니 내게 누군가의 마음이 닿으면 나는 또 한없이 약해질 준비를 해야 했다. 언젠가 상처투성이가 되어 버려지게 될 거라며 미리 넘겨짚는 마음을 이제는 조금 모르고 싶다. 이미 수십 겹의 상처로 에워싸여 너무 알게 된 것들이 마음을 막아둔다. 마음이 커지는 순간부터 걷잡을 수 없는 소용돌이에 허우적대며 결국 너를 알기 전으로 돌아갈 수 없을 테니까. 결국 닳아가는 모습을 보며 남루해진 마음을 끌어안고 조금씩 안녕을 연습하고 싶지 않아서 나는 오늘도 몇 걸음 뒤돌아 걷는다.

말이 없는 밤

◆

 하루의 일정을 끝내고 집으로 되돌아오는 길에 입을 달싹였다. 공허함을 느낄 때 한 번씩 나오는 습관 같은 거였다. 휩쓸리듯 지나가는 하루하루에 떠밀리듯 살아가는 기분. 언제부터인가 소리 없이 우는 방법을 익혔고, 점점 누군가의 온기에 기대지 않으며 혼자 감내하는 것들이 많아짐을 느꼈다.

 엊그제 꿈에는 한때 내 곁에 살았던 사람들이 한 명씩 차례대로 나왔다. 소란스러웠던 그 시절을 재연하듯 사람들은 그때의 모습으로 한꺼번에 떠들었고, 하나같이 다들 나를 보며 그리웠던 미소를 짓고 있었다. 멀어진 것을 자각하고 있던 나로선 이해할 수 없어 홀로 적응하지 못하고 뒷걸음질을 쳤다. 그 꿈에서 깼을 땐 애써 꺼내두지 않았던 추억의 잔상들이 떠올랐다. 분명 우리들의 관계가 소원해지고 멀어졌을 땐 그만한 이유가 존재했음에도 오래된 그 시절은 무척이나 다정해서 나를 과거로 도망치고 싶게 만든다. 사랑했던 사람과 나눴던 사소한 대화들이 떠올랐고, 그 대화 속엔 내게 건네는 애정 깊은 위로가 곳곳에 있었다. 지금의 내가 그때의 나였다면 그 사람들의 온기에 기대려고 울먹이며 수화기를 들었을지도 모르겠다. 오랜 시간이 지나버려서 선뜻 다가서기엔 너무 멀리 있는 사람들. 우리의 삶엔 이제 각자의 공간이 크게 생겼고, 그럴 수밖에 없는 이유가 존재하겠지.

적절한 온기가 그리워지는 밤,
나는 왜 지나버린 추억에 목이 마를까.
채워지지 않는 공허한 마음.
나의 밤은 오늘도 말이 없다.

사랑받아 본 적이 없었더라면

◆

 애초부터 누군가가 내 곁에 있지 않았더라면, 내가 사랑받아 본 적이 없었더라면 내게 이런 외로움 따위도 존재하지 않았겠지. 우리는 행복을 느껴봤으니 그리워하는 것이 생기는 것이고, 온기 없는 밤에 덜렁 남겨지면 문득 가려워진 마음을 긁어줄 누군가의 온기를 기다리는 것이다. 삶은 마치 숙제처럼 누군가를 사랑하며 함께인 삶과 뒤돌아 혼자인 삶 그 사이에서 어쩌면 내가 행복해지는 것이 무엇인가를 끝내 알려주기 위함이 아닐까.

이별과 이별하는 일

◆

"그때는 이미 지나갔고, 지금 우리에게 남은 건 아무것도 없으니까."

나이가 들수록 안녕은 자꾸 자랐다. 수많은 안녕은 빈 공간에 쌓여 기억으로 멈춰졌다가 다른 안녕들에 묻혀서 서서히 사라질 뿐이었다. 겁먹은 채 결말을 정해두고 시작한 관계들은 하나같이 마음에 물을 틀어둔 듯 매번 먹먹하게 만들다가 저물었다. 영영 가질 수 있는 건 어디에도 없듯이 모든 건 결국 떠나가고 말 테니 조금은 단순하게 생각하기로 했다. 그저 순간순간을 기억해두는 것에 초점을 맞추며 가장 온전하게 사랑해보자고. 바라건대 사랑하던 것들이 나의 남은 날 동안, 내 곁에 존재하지 않고 비록 우리가 영원하지 못하더라도 자연스럽게 시간에 밀려가기 전까지 나의 기억 속에 피어나 오랫동안 지지 않을 여운이 되어주기를.

도착

◆

"이제 도착해서 미안해. 조금 늦었지?"
"아니야. 이제라도 내 인생에 도착해줘서 고마워."

언젠가는 너를 이렇게 웃으며 맞이할 수 있을까.

어떤 날의 과거처럼

◆

 오랜 관계를 차마 놓지 못하는 데에는 이런저런 이유가 존재했다. 그중 가장 큰 이유는 옛것에 대한 진한 미련 때문이었다. 추억은 향기를 남기고, 나는 그것에 취해 낡아진 우리의 추억에 매 순간 져가며 관계를 끊어내고 싶은 순간에도 단호하게 돌아서질 못했다. 돌아서는 순간 관계를 지키려 아등바등했던 노력이 모두 헛된 시간이 될 것 같았고, 내가 사랑했던 시절이 사라져버릴 것 같은 두려움이 나를 옥죄었으니까.

 오랜 관계는 오래된 습관 같았다. 다시는 돌아갈 수 없는 시절 속에 살았던 우리가 있고, 수많은 다툼과 그만큼의 화해로 이루어져 있다. 그 속엔 서로를 배려한답시고 입을 다문 마음도 복잡하게 얽혀있다. 그렇지만 관계는 수백 번이고 호흡하더라도 지치는 순간마다 풀리지 않는 마음 때문에 남겨진 마음이 쌓여 자꾸 무거워지다 보면 우리는 끝내 가라앉을 수밖에 없다. 때론 서로의 감정이 무르고 물러져 작은 돌멩이 하나에도 와장창하고 깨지는 유리 천장 같기도 했다.

차마 놓지 못하고 세월에 기대던 우리.
더는 그때만큼 무모하게 다투려 하지 않는 우리.

우리는 변했다. 시간은 공평하게 흘렀고, 습관처럼 합리화했던 어릴 때와 달리 사소한 것에 대한 인식도, 서로의 주변 환경도, 인간관계에 대한 가치관도 조금씩 변해왔다. 한때 나를 살게 했던 우리의 순간들은 망가지고 잃어버린 지금의 우리를 지탱해주지 못할 만큼 약해졌다.

나는 부디 우리가 잘 지냈으면 한다.
서로가 없는 삶에서도 각자를 잘 살아내면서
부디 행복해졌으면 한다.
지나가 보니 애틋했고,
아쉽지만 돌아가고 다시 돌아가고 싶진 않은
어떤 날의 과거처럼.

너의 하루

◆

 잊고 살았던 장면이 불현듯 스칠 때가 있다. 마음속 깊이 잠겨있던 장면 말이다. 문득, 그곳에 있던 그때의 존재에게 잘 지내냐는 안부가 묻고 싶어졌다. 어딘가에서 살아가고 있을 너의 일상은 지금 온전하냐고. 혹시 힘든 것은 없는지, 문득 떠오른 장면에 나를 끄집어내진 않았는지. 만약 그때로 돌아가면 꼭 하고 싶은 말이 있는지. 묻고 싶은 게 많았다. 추억이라는 이름으로 묶여버린 일련의 기억이 어딘가 떠돌아다니다가 불현듯 내 앞에 멈춰버린 오늘처럼 너에게도 이런 하루가 존재했을까.

언젠가 사라질 것들

◆

 나도 모르는 사이 자연스럽게 일상 속에 겹치는 존재를 의심 없이 좋아했을 뿐이었다. 아무리 많은 마음과 시간을 쏟아붓고, 서로가 주고받았던 대화가 무엇보다 깊었고, 적절한 위로를 건네고, 가장 선한 눈빛으로 나를 다독거렸대도 헤어짐 앞에선 그 모든 것들이 무의미해지기 십상이다. 그냥 잠깐 머물고 떠나가는 구름처럼, 깨고 나면 사라질 꿈속의 존재처럼. 찰나이지만 영원을 남기고 사라지는 사람들. 언젠가 울어야 할 날이 올 걸 알면서도 느슨한 척 넘겨버리며 나는 언젠가 사라질 것들을 사랑하고 말았지.

사라질 것처럼

◆

 오랜만에 만난 친구와의 술자리에서 오고 갔던 대화 속에서 우리는 각자의 힘듦을 말하지 않았다. "요즘 별일 없어?"하고 묻는 친구의 말에 그냥 웃으며 잘 지내고 있다는 답을 했다. 도리어 다시 "너는?"하고 되물으니 친구도 고개를 끄덕이며 그냥 웃기만 했다.

 우리의 대화는 자꾸 거슬러서 과거를 찾았다. "지금 와서 생각해보면 그때만큼 내가 용감했던 적이 없었던 것 같아." 분명 그때도 그다지 행복하지만은 않았는데 지나 보니 과거는 꽤 잘 포장된 보물 상자가 되어 있었다. 결국, 우리는 가장 행복했다고 생각했던 과거를 뒤적거리다 헤어졌다.

 우리에게는 저마다 그 누구에게도 발설하지 못하고 오랫

동안 눌러둔 마음이 있다. 우리는 때때로 가장 어두운 면을 침묵한다. 오래전엔 누군가에게 내 바닥까지 긁어모은 마음을 보여주기도 했는데 더는 그때만큼 용기 있게 내 얘기를 하지 못할 것 같은 밤이었다.

온종일 삼켜둔 마음들은 취기 오른 두 볼을 한 채 집으로 돌아오는 길에서 기어이 울컥 올라온다.

나는 매 순간 힘겹고 어려웠지만 그래도 그간 잘 견뎌왔다고 생각했다. 나는 병들었지만, 곧잘 이겨내고 있다고. 마음에 손을 대고 조심히 쓰다듬으며 괜찮다고. 괜찮아질 거라며 조용히 낮은 목소리를 웅얼거렸다. 언제부턴가 텅 비어버린 마음은 길을 잃었다. 채워 넣을 만한 것들은 자꾸 줄어들고, 맞춰져 있던 퍼즐은 온데간데없이 다 사라지고 고작 한 조각만이 남은 기분. 어딘가에 홀로 낙오되어 가는 기분. 다 자란 몸뚱이가 한없이 작아지는 기분. 나는 이 알 수 없는 쓸쓸함에 대해서 생각했다.

다시 또 견뎌보려고 했는데, 그랬는데
왜 나는 아파할수록 사라질 것처럼 외로워지는 거냐고.

괜찮다 괜찮다

◆

종일 무거워진 마음을 이끌고서 돌아온 정리되지 않은 반지하 방. 일방적인 관계로부터 줄곧 울려대는 휴대폰. 어느 하나 답을 찾지 못한 고민들. 터놓을 곳 없는 외로움을 달래려 냉장고에서 꺼낸 술병. 꺼진 TV에 비친 나를 가만히 보다가 갑자기 울음이 터졌다. 무릎을 껴안고 고개를 묻었다. 한때 전부였던 것들이 떠나가고, 간절했던 열망들은 어느새 사라지고, 조금 남은 미련 같은 것들이 덕지덕지 붙어버린 마음. 괜찮다 괜찮다 자꾸 다독여도 괜찮아지지 않아서 또다시 울었다. 한참 동안 그곳에선 울음소리만 들렸다.

기억 속에서 낡아간다는 건

◆

지나가지 말아요
지워지지 말아요
사라지지 말아요
부디

기억은 거듭 낡아서 되새김질해도 어디론가 자꾸 도망치는 것 같았다. 내가 누군가를 잊고 사는 것처럼 누군가의 기억 속에서도 내가 낡아간다는 건 꽤나 슬픈 일이었다.

좋은 사람

◆

'넌 늘 내가 좋은 사람이라고 생각되게 말을 하잖아.'

 그런 사람이 있다. 마음의 온도가 맞아서 내 마음 깊은 곳까지 들여다 봐주는 사람. 수화기 너머 한참 아무런 말도 하지 못하던 내게 '괜찮아?'라고 먼저 물어봐 주는 사람. 연약한 마음에 숨을 불어넣어 준다. 잔잔한 마음을 맞대고 아무 말 하지 않아도 고요히 위안을 얻는다.

기억도 닳나 봅니다

◆

 그대가 잊지 않기를 간절히 바랐던 순간을 이제는 내가 잊어갑니다. 한참을 눈을 감고 생각해봤지만, 기억이 나지 않습니다. 왠지 정말 소중하게 간직해온 오래된 것을 어딘지도 모를 곳에 두고 온 기분입니다. 잊었느냐고 물어보신다면 나는 이제 그대가 잘 기억나지 않는다고 답할 수 있을 것 같은 밤입니다. 어쩌면 기억도 닳나 봅니다.

존재의 차이

◆

더는 끌어가야 할 이유가 희미해져 버린 쓸모없는 관계. 결국은 필요한 존재냐, 필요하지 않은 존재냐의 차이였다. 내가 더 단단한 사람이 되어야겠고, 더 어울리는 사람이 되어야겠다는 마음 자체가 필요 없었던 거지. 아무리 노력해도 상대의 마음을 돌릴 수 있는 건 내가 좋은 사람이든 아니든 그 차이로 만들어지는 게 아니었으니까.

사랑에 관하여

Part
3

늘 다짐하고 기대하고 기도했던 것들은
기어이 파편처럼 흩어지고 말았다.

내가 사랑하는 것에
　　　게으름 피우지 말 것

사랑해요

◆

당신이 저녁이라면 나는 해 질 녘 노을을 사랑할 테고,
당신이 새벽이라면 서서히 뜨는 해를 미워할 테죠.
어쨌거나 사랑한다는 말이에요.

너의 이름을 사랑이라 발음하는 것처럼

◆

 함께 모래사장에 앉아 곧 바닷속으로 사라질 것만 같은 석양을 바라보고 있는데 너는 지금 이 순간이 자신의 전부래도 충분할 것 같다고 말했다. 너의 그 말에 내 볼에는 꽃분홍이 피어났다. 낭만에 사는 일이 가장 가난하면서 풍족한 일이라고 하던가. 나는 한참을 가만히 있다가 조용히 네 어깨에 머리를 기댔다. 사랑하는 사람아, 우리가 완전하지 않아도 상관없을 것 같아. 그냥 서로에게 온전하다면 그뿐이지 않을까. 너의 이름을 내가 사랑이라 발음하는 것처럼.

영영

◆

 서로의 온기를 이불 속에 넣어두고 매일 밤 당신을 끌어안을 수 있다면 그것이 우리의 낭만이 아닐까. 무채색의 밤이 당신이 내는 색으로 물들면 새로울 것 없던 일상도 유의미해진다. 악몽에서 깨어난 새벽에 홀로 방 안에 남겨지지 않고 손을 뻗으면 안길 사람이 있을 테고, 울어도 닦아줄 사람이 있고, 눈물이 나기 전 마음을 털어놓을 사람이 있다면 자주 들썩이는 당신의 입꼬리에 기대어 남은 날을 살아도 괜찮지 않을까. 밤이 저물어가는 것을 알면서도 잠을 잠시 미뤄두고 당신을 생각한다. 시간이 흘러 서로를 바라보던 마법이 천천히 풀리고 우리 조금 우스워져도.

비워진 여백에 나는 사랑이라고 쓰련다.
그럼 우리 영영 사랑할 수 있지 않을까.

이다지도 사랑한다

◆

 나는 너를 만나고부터 지난 사랑을 지우고, 다시 사랑을 썼다. 많은 것을 잃고 닳은 후, 마치 네가 아니고서는 사랑은 없던 것처럼 칠해둔 모든 것을 백지화시켰다. 지나칠 수 있는 너의 말에 밑줄을 긋고, 네가 미소를 지으면 나는 이미 웃고 있고, 네가 시선을 두면 자연스레 나도 눈길을 둔다. 우리의 사랑이 끝나지 않을 여운이기를 바라. 누구보다 네 행복을 바라는 사람이 여기 있어. 너의 삶이 내가 보낸 사랑으로 조금 더 따뜻해질 수 있도록 너를 이다지도 사랑해.

나의 바람아

◆

나의 바람은,
먼 훗날에도 우리가 서로의 삶에 섞여 있는 것.
그때도 눈이 마주치면 아무 이유 없이 웃어줄 수 있는 것.
사랑한다는 말을 주저하지 않고 전할 수 있는 것.
그리고 너의 평생에 내가 사는 것.

그 무엇도

◆

　그 무엇도 너만큼 예쁜 것이 없었다.
오늘 밤, 떠오른 달이 내는 빛이 너에게 닿으면 환상적일 것 같다는 생각에 네게 전화를 걸었다. 잠시 우리 같이 걷자고. 그날 밤, 황홀이 이런 거구나 싶었다. 그리고 저 달빛이 비치는 영역만큼 너를 사랑한다고 말했다.

대답

◆

나를 왜 사랑하냐는 물음에
당신이 나를 향해 그렇게나 웃고 있는데
어찌 사랑하지 않을 수가 있겠냐는 게
나의 대답.

나를 왜 사랑하냐는 물음에
당신이 나를 향해 그렇게나 웃고 있는데
어찌 사랑하지 않을 수가 있겠냐는 게
나의 대답.

전하지 않을 편지

◆

 그때 난 자주 네 앞에서 연약해지고, 긴장하고, 어렵고 그랬어. 다정한 말투로 묻는 안부에도 나는 잘도 어지러웠어. 감히 사랑이라 표현하기엔 너무 끝을 알 것 같은 관계여서 곁에 두는 것만이 나의 최선이라 여겼지. 네 생각에 잠길 때면 가끔 맥박 소리가 너무 커서 온몸이 울려. 너를 처음 봤을 때, 우리가 나눴던 적지 않은 대화들과 말갛게 웃어 보이던 네 미소와 마음속에 내려앉은 네 위로. 그 모든 기억이 너무 따뜻해서 이번 겨울까지도 그 온기가 은근하게 날 안아주더라. 내겐 한참 간지러웠던 너의 다정한 말들은 어쩌면 네 기억 속엔 살고 있지 않을 수도 있어. 너에겐 내가 그저 지나치는 인연 중 한 명일 테니까. 그때는 얼마 안 가 소멸할 감정이라 여겼는데 사계절이 세 번이나 지나고 있음에도 처음 봤을 때처럼 눈치 없이 마음이 어지럽다.

더 바랄 것도 없이 너는 내게 따뜻한 기억이고, 네 기억 속에도 내가 시들지 않고 은근하게 남겨졌으면 해. 애초에 넌 내게 머문 적이 없으니 당연히 날 떠난 적도 없어. 그러니 이 편지를 너는 영영 몰랐으면 좋겠어.

숨겨둔 마음

◆

마음을 숨겨본다고 그게 다 숨겨지나
삐죽 튀어나온 끄트머리를 조금 당기면
이내 후두두둑하고 다 쏟아져버릴 것을.

새로 산 수첩

◆

 새로 산 수첩은 사랑을 시작하는 우리의 첫 마음과 같았다. 첫 장을 쓰려고 펜을 잡았을 때, 가장 아끼는 문장을 적어야 할 것 같아서 펜을 쥔 손에 자꾸 힘이 들어갔고, 실수하지 않으려 애쓰며 정성스러운 마음을 들인다. 아끼는 것일수록 우리는 마음에도 자꾸 힘이 들어가고, 바라보고 싶어지고, 나의 것을 새기고 싶고, 가장 예쁜 것들로만 채우고 싶은 마음이 든다. 하지만 아무리 아끼는 것도 언젠가는 틀려버린 글자 때문에 다음 장을 넘기게 될 테고, 처음 다짐했던 마음과는 다르게 상처받고 속상해서 적힌 마음들로 넘겨지고 또 넘겨지다가 결국은 마지막에 닿고 말 것이다. 그러니 우리는 서로에게 조금 더 긴장해야 한다. 혹여나 상처의 말로 우리의 페이지가 찢겨버리지 않게.

그리움은 계절을 탄다.

◆

그리움은 계절을 탄다.
마음이 저밀 때쯤
바람을 타고 건너오는 그리움에
그저 대꾸하지 않을 뿐이다.
이 계절에 얇은 밑줄을 그어볼 뿐이다.

장화

◆

 네가 있는 밤에 비가 내리면 나는 너에게 달려가 장화를 신겨줄 거야. 그리고 슬퍼하는 너와 함께 비를 맞으며 걸어갈 거야. 사랑하는 아이야, 잠시 시선을 거둘게. 내리는 비를 탓하며 몰래 울어도 돼.

사랑이었다

◆

 잠시 스쳐 간 사람이었다. 아무 생각 없이 시작됐던 우리의 대화는 생각보다 잘 이어졌고, 꽤 오랜 시간 동안 걸음을 멈춰 서서 서로의 삶에 대해 이야기했다. 평소 글을 적는다는 얘기를 잘 하지 않는 편인데도 불구하고 조금 들뜬 마음으로 그에게 내가 쓰고 있는 글을 보여주기도 했다. 그리고부터 며칠 동안 그와의 통화가 내 새벽을 차지했다. 마음은 천천히 데워졌고 우린 서로에게 조급해하지 않았다. 어느새 글을 쓰던 시간마저 그 사람에게 할애할 정도로 나의 긴 새벽을 그 사람에게 내어주기도 했다.

 분명 순간순간마다 잊고 있었던 감정을 툭 건드릴 때도 있었고, 고단한 하루 끝에 서로의 위로가 되어주기도 했었는데 나이가 들수록 관계에 대한 기대가 적어진 탓일까. 들끓은 후에 올 상처가 미리 두려운 탓일까. 들뜨던 우리의 기분은 그리 오래가지 않았다. 우린 서로에게 이따금 싱거운 존재가 되어버렸고, 그는 어느새 내 일상에 존재하지 않았다.

시간이 흐른 후에 간혹 떠오른 그가 내 새벽에 잠시 존재했다가 사라지기를 반복했다. 자꾸 겉돌던 마음을 애써 외면해버렸던 탓일까. 혹 들어왔던 그의 따뜻한 위로가 매 끼니처럼 고파진 탓일까.

그가 나와 전화할 때마다 유독 잔잔한 음악을 틀어두는 것을 좋아했던 기억이 나서 나의 새벽에도 잔잔한 음악이 울려 퍼지기 시작했다. 간밤엔 그 사람이 좋아한다고 스치듯 말했던 영화의 제목이 불현듯 떠올라 그 영화를 찾아서 보다가 엔딩 크레딧이 올라올 때쯤 두 눈이 따가워지는 것이 느껴졌다.

정말 별것 아닌 것 같았던 그 사람의 부재에
연신 콜록거리며 이리도 마음이 시큰해졌던 이유.
나는 그 사람을 사랑했었다.
그래. 사랑이었다.

사랑할 수밖에

◆

누군가를 많이 사랑해보면 알 수 있다.
사랑하는 것보다
사랑하지 못 하는 일이 더 어려웠으므로
사랑할 수밖에 없는 것이 있다는 걸.

파도

◆

밀려오는 파도에
속절없이 부서진 모래성 같았다니까.
내 마음이.
너는 그 파도였고.

마음속 작은 방

◆

 사랑은 내게 사치라고 생각했다. 잊고 사는 게 속 편한 일이었고, 자꾸만 내려가는 어깨와 숙여지는 고개를 탓하며 당장 내일이 버거웠던 나의 삶에 누군가를 좋아하는 건 조금의 여유를 가진 사람만의 특권이라 여겼다. 누군가에겐 세상 아름답다 여겨지던 봄도 내겐 긴 겨울이 지난 뒤 그저 가벼운 옷차림으로 가는 여정일 뿐이었고, 타인에게 거리를 두고 누군가를 알아가지도, 누군가에게 나를 알려주지도 않으며 그저 퍽퍽한 현실만을 버텨낼 뿐이었다. 나는 굳이 용기 내지 않았다. 누군가를 많이 알게 되면 결국 좋은 사람이 되어주고 싶어질 테고 그럼 난 누구도 외면하지 못하게 될 테니 마음 쓰이는 누군가가 있다면 온갖 노력을 해서 모른 척해야 했다. 그런데 아주 가끔 단단하게 세워둔 벽을 아무렇지 않게 허물고 들어와 버리는 사람이 있다. 여태 쌓았던 벽이 모두 무색해질 만큼 괜찮다고 토닥여주면,

그 사람 품에 안겨 참았던 울음을 어린아이처럼 터트리고 싶어진다. 평범하게 누군가를 사랑하며 마음 한쪽에 작은 방을 만들고 내내 다정하게 살아가고 싶어진다.

짧은 찬란

◆

 벚꽃처럼 다가와 짧은 순간을 피우고 긴 여운을 남긴 채 떠나가는 존재. 예고도 없이 찾아온 오후의 소나기 같았다가, 괜히 들뜨게 만드는 첫눈 같기도 했다. 그것은 무척이나 선명했고, 그 순간 내 세상이 젖는 것쯤은 별거 아니었다. 때론 아주 짧은 찬란을 느끼려 아주 긴 시간을 부서질 듯 걷기도 했다.

기억은 자꾸 자란다

◆

시간이 아무리 흘러도 자꾸 깨어나는 기억이 있다.
분명 그곳에 두고 나는 이만치 멀어져 왔는데
기억은 자꾸 나를 따라 자란다.

그럭저럭 사랑할 수 있을까

◆

 사랑이란 감정은 어디에나 쓰이고 누구나 할 수 있지만, 너무 쉽게 와서 너무 어렵게 떠나버린다. 사랑이 이토록 어려운 이유는 누군가를 사랑하게 되면 내 삶을 사랑하는 만큼 어쩌면 그보다 더 누군가에게 초점을 맞추고 한없이 녹아들기 때문이겠지. 사랑에도 적당선이 있을 수 있을까. 그 어디에서도 '그럭저럭 사랑해.'라는 말은 들어본 적도 없는데 말이지.

그럭저럭 사랑할 수가 있을까.
그렇게나 먹먹해 할 거면서.

닳지 않는 사랑

◆

 마음이 닳지 않는 사랑을 원해요. 한순간 쏟아진 사랑에 마음이 끓었다가 금세 식어버리는 거 말고, 아름다운 순간마다 함께이길 바라는 다정한 마음이 오래도록 존재하기를 바라요. 짙은 밤에 잠든 당신을 뒤로한 채, 오래도록 잠들지 못하는 내가 아니기를. 애써 숨겨둔 마음이 들킬까 혼자 등 돌려 울지 않기를. 불안을 쥐고 홀로 어둠을 유영하지 않게 다정하게 안아주세요.

그대 어디쯤 서성일 수 있나

◆

 어디에도 내려앉지 못한 마음이 담긴 구겨진 편지 속엔 차마 고백하지 못하고 버림받은 문장들이 가득합니다.

 사랑하는 사람아, 고작 이 몇 자를 적는다고 닿을 수나 있을까. 당신이 내게 선물한 시절을 안고 가끔은 그리움으로 연명하며 당신이 주고 간 베개에 얼굴을 묻고 절절히 울어본다. 굳은살이 덕지덕지 박인 투박한 손은 언제쯤 다시 잡을 수 있나. 이 그립다는 말은 어디에 닿을까. 왜 내 마음은 당신을 비껴가나. 보고 싶다는 말은 그대 어디쯤 서성일 수 있나.

매듭지어지지 못한 네 존재

◆

버려진 시간들
신발장 깊숙한 곳에 두었던 운동화
구겨진 편지
바래진 반지
꼭 잡은 손
노을의 노래
웃을 때 감기던 너의 왼쪽 눈
그 어떤 인연보다 깊었다고 자부했던 날들
그리고 끝내
내게 매듭지어지지 못한
네 존재를 사랑했다

그해 가을

◆

서먹한 가을밤,

수화기 너머로 들린 옅은 웃음소리에 또 살짝 올라간 입꼬리가 내 찰나의 전부가 되기도 했다. 오래된 그 밤엔 수화기를 내려놓고서야 심호흡을 하며 이불 속에 파고들었던 내가 있었고, 무심히 끊은 통화의 끝에 그 새벽의 공기를 채울 만큼의 여운을 남긴 네가 있었다. 때로는 이루어지지 못한 마음이 더 짙게, 더 오랜 잔상을 남기기도 했다.

나의 낭만

◆

 한때 서로를 낭만이라고 여겼던 우리를 기억해주시길 바랍니다. 겨우 짧았던 인연으로 사라질지도, 당신의 긴 삶에서 내가 겨우 단역에 불과할지도 모를 일이지만, 만약 그대가 지금도 나를 사랑하느냐고 묻는다면 말없이 수화기를 가슴에 가져다 놓을 수 있는 나도 기억해주시길 바랍니다.

잃어버린 순간

◆

나는 자주 나를 잃어버렸다.
나는 너를 사랑하려고
나를 부정했다.
나를 잃어버린 순간 대부분은
다시 널 사랑하고 말았을 때였다.

밀려오는 존재

◆

 영화를 보는 것을 좋아하지만 보고 싶은 영화가 없는 날도 있고, 아주 쉬웠던 일이 너무 어렵게만 느껴지는 날도 있고, 자기 전 다음 날 할 것들을 메모지에 적어두어도 계획처럼 움직이지 못하는 날도 있고, 마음을 주었지만, 마음을 주지 않은 척 무심히 지나치는 날도 있고, 사랑은 끝났지만, 여전히 끝나지 않는 사랑도 있다. 버려도 버려도 파도처럼 밀려오는 존재도 있다.

J 에게

◆

 몇 년 전,
너와 아파트 주변에 있던 커다란 공터를 몇 바퀴나 돌았었던 그 날. 너는 좋아한다는 말을 1시간이 넘도록 빙빙 둘러 말했지. 너는 늘 느렸던 나를 이해해주며 언제나 그 자리에서 버텨줄 것처럼 말해 주곤 했잖아. 그땐 잘 몰랐었는데 시간이 흐르고 내가 누군가를 많이 좋아해 보니까 꼭 표현만이 사랑이 아님을 알겠더라고. 느린 사람의 속도를 이해해주며 잘 기다려줄 수 있는 것도 사랑이었더라.

 그 후에 인사도 없이 맞이한 너와의 이별은 어렸던 나에게는 너무 무겁고, 형용할 수 없을 만큼의 큰 고통이었어. 그때 우린 겨우 열아홉이었고, 누군가를 잃는다는 건 참 잔인한 일이었지. 그래도 고통은 속절없던 시간에 밀려 네가 없는 세상이 이렇게나 잘 흘러가게 될 줄은 몰랐어. 열아홉이었던 나는 이제 스물다섯을 넘어가고 있고, 너는 여전히 그 열아홉 가을에 남겨져 있구나.

너와 걸었던 그 공터엔 새 아파트가 지어졌고, 그 옆엔 새로운 지하철역이 생겼으며 네가 자주 나를 만나러 왔던 동네에 이제 나는 살지 않아. 그날 밤새 떠들었던 미래와 달리 나는 전혀 다른 삶을 살아가고 있고 씁쓸하게도 너는 이곳에 없어.

2년 전쯤인가.
꿈에 네가 나왔어. 웃지도 울지도 않고 내가 한 번도 본 적 없던 표정으로 한참을 쳐다보다 순식간에 사라져버렸지. 나는 오랜만에 본 네가 너무 반가웠고, 속절없이 흐른 시간이 무서웠고, 꿈에서 봤던 네 표정이 어려웠고, 그리고 이내 미안했어.

열아홉에서 스물다섯으로 건너오면서 나는 너의 부재에 한참 익숙해져 있었고, 너를 자주 잊고도 꽤 잘 지내온 것 같아서 꿈속에 너를 보고 미안했던 걸지도 몰라. 그렇게 다시 한참을 먹먹하게 너를 떠올리며 지냈어. 네가 가고 난

후에 내가 뒤늦게 보낸 마음들은 보내도 보내도 반송되어 내 우편함을 가득 채우고도 모자라 초라하게 바닥에 나뒹굴었으니까.

영영 돌아오지 않을 계절에 두고 온 사람아,
그래도 이 말만은 꼭 전해주고 싶었어.
나를 좋아해 줘서 고마웠다고.
잠깐 지나갈 소나기 같아도 좋으니
한 번만 더 내 꿈속에 들렀다 가.
어렴풋이 기억나는 네 목소리가 듣고 싶어.
그리고 차마 완성하지 못한 이야기를 하자.
거기서 만나.
우리.

잠깐 지나갈 소나기 같아도 좋으니
한 번만 더 내 꿈속에 들렀다 가.
그리고 차마 완성하지 못한 이야기를 하자.
우리.

첫 눈

◆

 눈이 내리면 연락을 주신다면서요. 오늘은 당신이 있는 그곳을 다 덮을 만한 눈이 내렸다는 소식을 들었어요. 한참을 기다렸지만, 휴대폰은 울리지 않네요. 맞아요. 이제는 알아요. 우리의 겨울은 이미 지나갔다는 것을. 매년 돌아오는 첫눈을 기다리지 않아도 된다는 것을. 하지만 모르고 싶었어요. 저는 오래전 마음이 닳아서 사라진 당신의 자리에 여전히 당신의 이름을 적는 걸요.

파편

◆

먼저 손 내밀지 않으면 사랑이 시작되지 않을 줄 알았다.
사랑한다고 말하면 사랑하게 될 줄 알았다.
헤어지는 것에 익숙해지면
언젠가는 아프지 않게 헤어지는 날이 올 줄 알았다.
정말 그럴 줄 알았는데
늘 다짐하고 기대하고 기도했던 것들은
기어이 파편처럼 흩어지고 말았다.

사랑할수록

◆

하루가 지날수록
너를 사랑하는 이유가 하나씩 늘었다.
그땐 몰랐지만, 이 말은
내가 너를 떠나보내지 못하는 이유도
하나씩 늘어간다는 것이었다.

결말

◆

 사랑이 자꾸 자라 더는 올라갈 곳이 없을 때부터 내려갈 곳만 잔뜩 남은 것 같아 이따금 불안해졌다. 우리는 은근하게 서로를 감싸주는 방법을 알지 못한 채, 서로에게 사랑만 달라고 소리쳤다. 마음은 이만큼 자랐는데 그만큼 채워지는 마음이 없다. 나는 이미 지어진 결말을 알고도 놓아지는 너의 손을 다시 잡고, 사랑한다 말한다. 그저 당신과의 시간이 조금 더 필요했고, 헤어짐을 조금 더 뒤로 미뤘을 뿐이었다.

향초

◆

 나는 향초였고, 당신은 불이었나. 당신이 건네는 뜨거움에 내 몸뚱어리는 다 녹아떨어지는 화상을 입는다. 결국은 나를 다 태워서라도 당신에게 닿고 싶었던 마음은 그만큼 속수무책이었다.

나를 다 태워서라도 당신에게 닿고 싶었던 마음은
그만큼 속수무책이었다.
나는 향초였고, 당신은 불이었다.

이별에 관하여

Part
4

한 편의 꿈과 같았다.
마치 나의 일부 같았던 내 안에 뜬 별 하나가
이제야 진다.

나는 자주
　　너의 안녕이라는 말 속에서 산다.

그리움이라는 이름으로

◆

떠나간 사람아,
당신의 기억 속에 내가
그리움이라는 이름으로
집 한 채를 짓고 살았으면 좋겠다.

추억에서 만날까

◆

 가라앉은 심장 언저리를 지그시 눌러보며 남아있는 마음을 확인해봤다. 여전히 사랑일까 싶어서. 그런데 멈춘 지 오래된 마음은 고요히 마지막을 기다리고 있었다. 지금 우리에게 사랑한단 말이 어딨어. 그 말은 오래전에 멈췄지. 소실되어버린 감정을 질질 끌면서 우리는 도대체 어디로 가려고 걸어가는 걸까. 서로에게 행복해 보이는 표정 하나 짓는 것조차 어려워졌으면서 뭘 그리 아쉬워하고 있는 걸까. 서로의 모든 것을 안다는 이유를 내세우며 묵인돼버린 말들이 많았는데 혹시 그 때문일까. 그렇다고 삼켜진 말들을 다시 전하기엔 이젠 그 말들조차 우리에겐 아무런 힘이 없다. 그치. 우리 이제 그만할까. 마음이 가여워진 지 꽤 오래됐잖아.

우리, 이제 추억에서 만날까.

누굴 사랑하든
행복하기를 바라

◆

 그냥 조용히 고개를 끄덕였다. 너는 그간 내가 많이 신경 쓰였었구나. 마음 한 곳에 내가 미안한 존재로 남겨져 있었구나. 새로운 사랑을 시작한다는 말을 이리 오래 머뭇거린 걸 보면. 우리도 참 오래됐다. 그치. 너무 어렸고, 어설퍼서 한때는 보잘것없는 것에도 대단한 마음을 쏟았을 만큼 서로에게 솔직했던 시절도 있었는데 이젠 그 기억도 꽤 낡았네. 헤어지고도 서로를 곁에 두고, 우린 서로의 일상을 '친구'라는 명목으로 아무렇지 않게 넘나들었지. 갑작스레 비가 오면 너는 내가 있는 곳으로 우산을 들고 왔었고, 혼자 밥을 먹어야 한다는 핑계로 자주 저녁을 함께했지. 어떤 날은 그것이 불편했고, 어떤 날은 그래서 조금 더 편할 수 있었어. 담아둔 채 너에게 말하지 못했던 말들이 이제 우리에게는 불필요해졌네. 나는 두려웠어. 내가 좋아하는 것이 사라져버리는 게. 그래서 네 언저리에서 서성거리며 오랜 인사를 하고 있었던 것 같아. 나는 이제 가야겠다. 사랑이지 못했던 긴 순간을 함께해줘서 진심으로 고마웠어.

"어디에 있든 누굴 사랑하든 네가 행복하길 바라."

어디에 있든 누굴 사랑하든 네가 행복하기를 바라.

첫사랑

◆

'잘 지내고 있어?'

 토요일 낮, 진동과 함께 낮잠을 자고 있던 나를 깨운 저장되지 않은 번호로부터 온 문자 하나. 익숙한 번호였다. 지난 몇 년 동안 몇 번의 사랑이 머무르고 떠나가며 이별할 때마다 문득문득 떠올라서 그 시절로 데려다주던 나의 첫사랑이었다. 술에 잔뜩 취할 만큼 마신 날이면 감정에 차올라 끝내 울게 만들었던 나의 울음의 근원지. 그 사람의 연락 한 번으로 우린 긴 공백의 끝에 다시 재회했다.

 주말 저녁, 우리는 어둡고, 잔잔한 음악이 나왔던 펍에서 만났다. 교복을 입고, 운동화를 신고, 등교하던 지난날의 그 사람의 모습과는 달리 말끔한 정장 차림으로 나타난 그의 모습이 꽤나 낯설었다. 조금 어색한 분위기는 지난날을 빗대어 던진 농담으로 자연스럽게 풀렸고, 꽤 긴 시간

동안 우리는 대화를 했다. 분명 그동안 묻고 싶었던 말이 참 많았는데 정작 오고 가는 말들은 꽤 가볍고 싱거운 대화들로만 여백 없이 채워졌고, 그 덕분에 충분히 이해할 수 있었다.

 정확하게 무엇이라 정의할 순 없겠지만, 지금 우리의 마음이 그때 못다 쓰고 남겨진 사랑은 아니라는 것을. 지난날 수없이 마음으로 그려왔던 그 사람은 더는 여기에 존재하지 않았으며 나는 서툴게 반짝거리던 우리를 그간 그리워했었음을. 그저 그 시절의 우리를 현재에 데려올 수 없다는 사실만이 지금의 나를 조금 슬프게 했다.

 그 사람은 잘 지내냐는 안부를 한 번쯤은 꼭 묻고 싶었다고 말했다. 너는 어떨지 모르겠지만, 이렇게 연락한 것에 후회는 남지 않을 것 같다고. 아마도 그 사람도 나처럼 그때의 우리를 그리워했던 게 아닐까.

 '그만 일어날까?' 대화를 끝내고, 무거운 마음으로 왔다가 가벼운 마음으로 일어섰다. 아파했던 시간이 무색할 만큼 꽤나 싱거웠던 재회.

'잘 지내고, 하던 일 다 잘 됐으면 좋겠어.'
'그래. 너도 잘 지내. 나, 택시 왔다. 그럼 갈게.'
'응. 잘 가.'

 희미하게 남겨진 추억에 우리는 미래를 그리지 않았고, 다음을 기약하지 않은 채 짧은 끝인사를 남기고 헤어졌다. 집으로 가는 택시 안에서 그 사람과 나눴던 문자를 삭제했다. 가장 예쁜 기억을 서로에게 안겨다 주었음을 인정하고, 사랑했던 시절을 간직하기로 했다.

 한때는 내가 행복해지려면 다시 그 사람을 만나야 하는 줄로만 알았는데 지나간 것은 지나간 것일 뿐이었다. 내가 그토록 바랐던 행복은 지나온 그곳에만 해당하고, 이곳에 남아 있는 것은 아무것도 없었다. 과거에 두고 온 것을 지금 내가 다시 끌어안을 수 없다면 서로 다른 행복을 찾아가는 게 맞는 거겠지. 좀처럼 인정할 수 없어서 내내 그 사람을 품었던 마음이 이제 겨우 시든다.

 우린 그렇게 서로에게 지나간 시절이 되어주기로 했다.

별이 진다

◆

한 편의 꿈과 같았다.
그때의 우리는 너무도 어렸고,
모든 게 서툴러서 사랑스러웠다.
더는 돌아갈 수 없는 날로
아득하게 차 있던 밤들은
그래서 아름다웠다.
마치 나의 일부 같았던
내 안에 뜬 별 하나가
이제야 진다.

너라는 문장

◆

아무리 예쁜 글을 써봐도 너만 한 문장은 없었다.
아무리 슬픈 글을 써봐도 너만큼 날 울린 사람은 없었고.

떠났음에도 여전한 것들

◆

 여전히 이 시간 창밖으로 보이는 도로는 한산할 것이고, 밝은 달은 어딘가에서 내내 나를 내려다볼 것이고, 어찌해도 애달픔에 고개를 숙일 것이고, 나는 또 그대의 편지를 움켜쥐고 버리지 못할 것이다. 나는 여전한 것들을 사랑했고, 그사이 변해 떠나가는 것을 슬퍼했고, 떠났음에도 여전한 것들로 인하여 쓸쓸함에 짓눌리느라 시간을 다 보냈다. 그대를 잊기에는 그때의 계절이 아직도 나를 목매게 한다.

찰나

◆

 이제는 한때라고 불리는 사람아, 찰나에 의지해서 몇 계절을 헤매며 이제는 그대의 하루가 어디에서 머물고 있는지도 모른 채 살아간다. 한때 사랑이라 불렸던 사람아. 자주 어두운 나날에 밝은 무언가 하나를 쥐고 버텨내는 나를 기억해주라. 나는 그대라는 찰나를 겪으며 너무 오래 일렁였고, 이다지도 지독스런 울음을 흘렸다.

한 철의 마음

◆

 열 번의 다정함보다 한 번의 불안이 우릴 삼켰고, 허공을 떠다니던 마음들은 무겁게 가라앉기 일쑤였다. 아주 담백한 안녕이라는 인사를 끝으로 우리는 각자의 자리로 돌아갈 준비를 했고, 지나고 보니 서로에게 남기고 간 것이 그다지 남아 있지 않았다. 잃고 나서야 조금 보인다. 우린 가장 잘할 수 있을 거라고 떠들어댔던 사랑을 가장 어려워하며 한철을 살았다고.

자존감 낮은 사랑

◆

 상처 되는 말을 쉽게 하던 사람이었다. 착한 구석은 그다지 없었으면서도 늘 떳떳한 태도를 지녔고, 약속장소엔 항상 늦었으며, 내 울음의 근원지가 자신이었음에도 달래 주거나 괜찮으냐고 물어봐 주지도 않았다.

헤어져야 할 이유가 분명했음에도
나는 그런 너를 사랑했었다.

 너는 가끔 내게 먼저 전화를 걸었고, 나는 휴대폰에 뜬 네 이름에 웃었다. 내가 울 때면 항상 다 울 때까지 멀찍이 서서 다른 곳을 응시하곤 했지만, 멍청하게도 네가 날 버리고 가지 않았다는 것만으로도 내겐 그 태도가 안심될 때도 있었다. 그의 텅 비어있는 사랑한단 말 몇 번으로 긴 계절을 버티기도 했다. 그 말속에 사랑이 텅 비었음을 알았대도 아무렴 상관없었다. 그 사람은 나에게 먼저 헤어지잔 말을 단 한 번도 한 적이 없었고, 나는 그를 사랑할 동안 그 점을 가장 미워했다. 그렇게 내 자존감 낮은 사랑은 지쳐버린 내가 끝을 맺고서야 끝이 났다.

분명 사랑을 했는데 막상 끝내고 보니 나에게 남아 있는 네 사랑이 없었다. 너는 모른다. 사랑받았던 흔적이 없다는 것이 얼마나 슬픈 일인지. 얼마나 가여운 일인지.

너를 잃어버리는 일

◆

 '내가 왜 좋아?'하고 묻는 너의 능글맞은 눈빛을 좋아했고, 비가 오면 우산을 접고 해맑은 표정으로 내 우산 속으로 뛰어드는 너를 좋아했고, 집으로 돌아가는 버스를 타면 창문 너머로 입술을 삐쭉 내밀던 너의 그 아쉬움을 좋아했다. 더는 현재로 데려올 수 없고 기억 속에 잔뜩 남겨져 있는 네 모습을 사랑했던 거였지. 내가 사랑했던 너는 지금 여기에 없으니 너는 이미 내게 죽은 거나 마찬가지였다.

지나온 계절

◆

 꽤 오랫동안 서로에게 사랑을 말하기도 했는데. 더는 서로에게 궁금한 것도, 알아가고 싶은 것도, 서로가 토라진 이유를 찾아 밤을 헤매지도 않는다. '다음에'라는 말이 늘어가면서 우리는 마음조차 쉽게 미뤄버렸고, 어느새 점차 서로를 떠나고 있었던 거지. '네가 행복했으면 좋겠다.'라는 마지막 마음을 고백한 뒤, 우리는 서로에게 다가오고 멀어졌던 그 모든 순간들을 지나온 계절에 남겼다. 수십 번 앓았던 서로의 열병이 모두 식고 사라져 끝내 바닥나버린 사랑에 먹먹함이 쉬이 가시질 않는다. 안녕을 말하고 나니 지나온 우리가 지독하게 아름다웠던 꿈처럼 느껴졌다. 우리는 얼마나 많은 마음을 소모해댔나. 깨질까 조심스럽게 건네던 마음을 깨지게 내버려 두기까지 얼마나 서로에게 위태로웠나. 바닥났다 여겼던 우리의 사랑이 너무 많은 온기를 내 삶에 남기고 갔다. 나는 한동안 행방이 묘연해진 기억들을 품느라 잠깐 내린 비가 스쳐도 울음이 다 났다.

낭만과 현실 사이

◆

덜 사랑했고, 더 사랑했고.
그것이 우리 헤어짐의 전부였지.
너는 나의 낭만 속에서 살기 힘겨웠고,
나는 너의 현실 속에서 살기 힘겨웠어.
우리는 그뿐이었던 거야.

사랑은 여기까지

◆

 "고마웠다는 말은 남길게. 사랑했다는 말도 함께. 지금쯤이면 당신은 공항에 도착했겠지. 요 며칠 분주하게 준비했던 해외 출장을 가야 하니까. 음, 아마 다녀오고 나면 당신의 일상에서 나는 없을 거야. 그리고서 후에는 그 일상에 익숙해지고 말겠지. 기다리지 말고, 울지도 말고, 더는 궁금해하지 않기로 해. 어쩌면 우리는 그냥 각자의 삶에 서로를 잠시 남기고, 만나지 않았던 그전의 일상으로 돌아가는 것뿐이야. 이렇게 생각하면 헤어짐 하나는 별거 아니잖아. 그치. 가끔 보고 싶어질 때마다 서로가 곁에 없다는 것을 실감하긴 하겠지. 하지만 또 그뿐일 거야. 우린 그럴 만한 이유가 있으니까 헤어지는 거고, 더는 사랑할 이유가 없으니 여기까지인 거야. 나는 내가 살고 싶었던 낭만으로 떠날 거야. 당신도 당신의 낭만에서 잘 지내길 바라. 고마웠어. 사랑했고."

이미 젖어버린 성냥

◆

 사랑에 아주 간절했던 적이 있다. 한데 모아둔 마음을 끌어안고 '내 안에 너에게 줄 수 있는 사랑이 이만큼이나 있어. 이거 너 다 줄게.'라 말하며 그 사람에게 힘껏 던져봤던 시절. 그 사람의 태연한 얼굴과 무심한 행동을 보고도 나는 꿋꿋이 사랑할 수 있을 것 같았지만, 그 사람의 모습이 시야에서 사라지면 엉엉 울었던 사랑을 했을 때였다. 그 사람에게 내 존재가 볼품없어져 간다는 것을 알면서도 무엇이라도 되어보려고 내내 기다렸다. 젖어버린 성냥에 불을 붙이려 쓱쓱 긁어가며 그 사랑의 끝에 홀로 서 있었다. 이별에 끝에 서면 알 수 있다. 나를 간절해하지 않았고, 대단한 무언가도 없었으며 맘먹으면 뒤돌 수 있었던 그 사람처럼 나 또한 그런 날이 온다는 것을.

놓고 나면 우리는 별것 아닌 존재가 된다.

뺄셈

◆

 기다리는 시간이 늘었다.
그건 곧 외로운 시간이 늘었다는 것이었다. 울리지 않는 휴대폰을 꼭 쥐고 시시때때로 확인하는 게 습관이었다. 답장이 오면 기다림이 무색해진 듯 웃으며 답장하고, 만났다 헤어질 때면 늘 네 뒷모습에 아쉬움을 걸어두었다. 어쩌다 한 번 뒤돌아 봐주는 날엔 집에 가는 내내 왠지 모를 안도감에 한숨을 돌렸다. 너의 시간 속에서 살아내려 발버둥 치다가 점차 젖어도 젖어도 스며들지 않는 나를 발견한다.

 울음 그친 밤이 잦아졌다.
휴대폰을 덮어 놓는 버릇이 생겼고, 너를 위해 주말을 비워두지 않았다. 외로움이란 감정에 익숙해지지 않기 위해서 지하철보단 창밖으로 시선을 둘 수 있는 버스를 타는 날이 많아졌다. 온통 너에게만 허비했던 시간들을 걸러내어 나의 시간을 찾아다녔다. 최대한 덤덤한 척 지내기 위해 한참 후에 네 연락을 확인하면서.

어제는 퇴근길에 집 앞을 걷다 문득 네가 없이도 괜찮지 않을까 싶었다. 어쩌면 나도 너처럼 잊은 채 살고 싶어졌을지도 모르겠다. 그토록 너만 찾아다녔던 내가 하나씩 놓아가다 어느 날 문득 네가 사라져도 꽤 잘 지낼 수 있게 마음에 단단한 벽돌을 하나씩 올리고 있었다. 그렇게 서서히 너를 내 일상에서 뺄셈해본다. 그 누구보다 너를 우위에 두고서 수많은 합리화로 일궈낸 이 사랑에.

그러다가 어두컴컴한 방 안으로 들어오고서 엉엉 울었다. 네가 떠나간다고 여겼던 시간 속에 내가 너무 안쓰러워서 울었고, 나 또한 떠나갈 준비를 하게 만든 네가 너무 미워서 울었고, 어느새 너의 시간 속에서 살지 않는다는 것을 깨달아서 또 울었다.

버린 문장

◆

 언젠가 네가 내게 머금게 만든 문장들은 씹으면 씹을수록 단맛이 났고, 이후에 네가 내 곁에 두고 가버린 문장은 삼키면 삼킬수록 나를 더 야위게 만들었다. 내 방을 밝히던 해가 숨고 어둠으로 매몰될 때. 나는 한참 그 야윈 말들 속에서 허기를 버티다가 도로 뱉어지던 마음의 민낯을 마주하고 쉼 없이 불행해져야 했다.

사랑과 헤어짐의 여정

◆

 나를 갈망해주는 당신이 좋았던 것 같아요.
시간은 꽤 걸렸지만, 후에는 당신에게 사랑한다는 말을 할 수 있었습니다. 왜 이렇게 오래 걸렸냐고요? 그건 사랑받는 것에 감히 익숙해지지 않으려고 애썼던 것뿐이에요. 흠뻑 빠져들었다가도 자주 부정하곤 했죠. 사랑한 후엔 그것이 내내 미안했어요. 당신보다 미지근했던 나의 온도가.

 이제는 받은 사랑만큼 당신에게 줄 수 있어요.
그것이 어떤 결말을 초래한다고 해도 감내할 수 있을까 싶은 의문은 늘 품지만요. 어떤 날은 당신이 '네가 아니었다면 나는 어떻게 살아가고 있을까'라는 말을 했는데 심장이 쿵 내려앉았어요. '그런 생각 마. 나 지금 네 곁에 있잖아.'하고 우스갯소리로 넘겼지만, 내가 없는 당신의 삶은 내게 너무 아플 것 같았어요.

언제나 이별은 계획에 없죠.
두고두고 사랑하고 싶은 추억들은 무수히 쌓였는데 헤어짐은 그렇게 흠뻑 빠져 놓을 수 없을 것만 같을 때 찾아옵니다. '마음이 저려도 좋으니 조금만 더 사랑하자.'라고 말해 버렸어요. 마음이 텅 비어버린 빈 카세트테이프처럼 돌고 돌아도 아무 소리를 내지 못했어요. 시간은 마음을 볼품없게 만들었고, 뒤늦게 불태운 사랑엔 새까만 재만이 그득히 쌓여있었죠.

한때 당신은 나를 무척이나 사랑했겠죠.
마음의 크기를 감당하지 못한 채, 모습을 정성스레 가다듬고 가장 예쁜 웃음으로 사랑한다는 말을 했을 테고, 나의 말에 자다가도 웃으며 전화를 받았었죠. 나의 모든 것이 당신에게는 새로웠을 테고, 나의 모든 것이 궁금해서 온 마음 다해 시간을 태웠겠죠.

아, 멀어진다는 것은 이런 건가 봐요.
걸음이 빠른 당신과 걸음이 느린 내가 걷다가 당신은 한 발자국 느리게, 나는 한 발자국 빠르게 걸음을 맞추는 것. 피곤한 새벽에 걸려온 전화에도 피곤을 숨기고 웃어줄 수 있었던 것. 서로의 조그만 것들을 궁금해하며 사랑할 구석을 찾아댔던 이 모든 것들에 더는 노력하지 않는 것이요.

나는 또다시 혼자가 됐어요.
마음은 소모된 만큼 또다시 가난해져 버렸네요.

아, 멀어진다는 것은 이런 건가 봐요.
서로의 조그만 것들을 궁금해하며
사랑할 구석을 찾아댔던 이 모든 것들에
더는 노력하지 않는 것이요.

애증

◆

 사랑한 만큼 미워진다더라. 상처는 짙어지고, 아주 가끔은 조금 용서하며 너의 기나긴 여운을 느낀다. 영영 미워할 수 있을 줄 알았는데 나는 다 미워하지만은 못한 채, 미움이란 단어만 미워하게 됐다. 남겨진 마음에서 살아간다는 건 기어코 불운한 일이었다. 기어코 다 미워하지도 못 하는 일이었다.

어긋난 마음

◆

 그 사람의 소매 끝자락을 잡고 마음이 사라져간다는 것을 인정하기까지 얼마나 많은 하루들을 보냈는지 모른다. 나는 함께여도 외로웠고, 사랑한다 말하면서도 한참 외로웠다. 이미 어긋난 마음은 맞추려 할수록 어긋나고 겨우 마주하면 보이지 않는 먼 곳으로 사라진다. 잔뜩 헝클어진 나를 쓰다듬어줄 너는 이제 여기에 없다. 사랑한다는 것은 자주 외로워질 수도 있다는 것이었을까.

너는 가끔 여기에 있다

◆

우리는 파도처럼 자꾸 밀려났고,
결국엔 서서히 서로를 잃어갔다.

헤어짐에 대한 수만 가지의 이유를 나열해보다가 곧 정적이 흐르면 이 모든 게 소용없음을 느꼈다. 조금의 틈 사이로 비집고 들어왔던 작은 상처들이 결국 우리를 지배한 거니까.

쉽게 헤어질 수 없었던 이유는 결별 후에 올 마음들을 다 감당할 자신이 없었고, 어쩌면 그 이유가 아직 우리에게 사랑이 조금이라도 남아있는 게 아닐까 믿고 싶었던 거겠지. 그렇지만 서서히 그 마음을 감당할 준비를 하면서 헤어지는 거고, 결국은 그 마음들을 감당하며 서로를 잊으며 살아가게 될 거야. 그리도 찬란하게 사랑했건만 끝내 우리는 서로의 현재에 없으며, 내일에도 없을 거라는 사실만이 남았다. 이미 오래전 우리를 잃었고, 긴 시간을 돌아가더라도 더는 그곳으로 갈 수 없음을 이젠 안다.

그저 너는 마음이 걸려 넘어지는 곳,
가끔 여기에 있다.

사랑으로 저무는
그 뜨거움처럼

◆

 나의 스물, 너의 스물둘의 봄을 떠올렸다. 잔뜩 떨리던 목소리로 내가 아닌 강을 보며 '좋아해.'란 세 글자를 발음하던 너와 붉어진 두 볼을 들킬까 너를 따라 강을 보며 고개를 끄덕였던 순간. 바라는 거라곤 서로밖에 없었던 시절이 그려졌다. 너와 함께였던 그 모든 순간들이 헤어진 이후에도 가끔 떠올랐다. 단순히 네가 그리운 걸까 싶었다가 네가 아닌 그 시절의 내가 그리웠다는 걸 깨달았지. 자초지종도 모른 채 이유 없이 녹아든 마음들. 그 시절 너를 사랑하던 내 모습이 한없이 예쁘고 소중했다는 걸 많은 시간이 지난 뒤에 알았다. 결말을 모르고 왈칵 피어나버린 그때의 마음처럼 또다시 그런 사랑을 해볼 수 있을까. 사랑으로 피어나 사랑으로 저무는 그 뜨거움처럼.

추억이 담긴 사진

◆

 차마 저물지 못한 사람을 생각하다가 하늘에서 쏟아져야 할 소나기가 고요했던 마음 어딘가에 쏟아진다. 고작 지나간 마음 하나 씻어내려고 그리도 내린다. 소란스러운 마음은 그 사람을 닮은 추억을 찾아대다가 마음 구석에 엎어둔 그 사람의 사진을 곳곳에 다시 걸어버렸지.

헤어짐이 머문 자리

◆

 친구의 5년의 긴 연애가 끝났다. 며칠 전부터 친구의 왼쪽 네 번째 손가락에 자리했던 반지가 사라졌고, 굳이 묻진 않았지만, 드문드문 굳어있는 표정이 친구의 마음을 대신했다. 친구는 반지가 늘 있었던 손가락이 비어있는 게 어색한지 반대쪽 손으로 살며시 쓰다듬었다.

 '사랑한 날보다 상처를 준 날이 더 남겨졌어.'

 창밖에 시선을 옮기며 한마디를 했다. 그리곤 한동안 말이 없었다. 아마도 친구는 지금 오랜 흔적을 쓰다듬는 중이겠지. 두 달 전만 해도 툭하면 서럽게 울어버리더니. 요즘은 두 눈에 부쩍 수분기가 없다. 긴 연애가 종점에 다다랐다. 사랑한 날들보다 상처를 준 날이 더 남겨졌다는 말에 그간의 마음이 얼마나 지독하게 부딪혀왔는지 아주 조금 알 것 같았다. 잔뜩 쌓아둔 마음을 시절에 고이 두고 겨우 한 걸음 더딘 오늘. 어려운 첫 이별을 끝낸 친구가 오늘 밤 슬픔을 찔러둔 주머니 속을 뒤적거리지 않고 무사히 잠자리에 들었으면 한다.

체념

◆

 차마 이루어지지 못하고 시들어버린 우리. 네가 다녀간 마음엔 그 누구도 들어앉을 수 없을 것만 같은 빈칸이 생겼다. 싱겁던 며칠 전의 네 웃음이 이리도 선명한데. 눈길만 돌려도 너를 닮은 것들이 이리도 다정하게 나를 품는데. 아무 일 없었다는 듯 평온하게 다가오는 네가 사라진 하루에 그 언저리마다 떠오를 낯선 그리움을 감당할 재간이 없다. 이미 사라지고 없는 너의 형태를 어렴풋이 만들어서라도 품을 포개고 싶어. 까무룩 잠이 들 때쯤 사랑한다 속삭였던 목소리를 듣고 싶어. 제자리를 찾지 못하고 끝내 방황하던 하루는 기어코 너를 닮은 것에 서성인다.

그리움은 눈치가 없다

◆

 그리운 너를 생각하다 눈을 감았고, 네가 내 꿈에 나왔다. 우리는 손을 잡고 자주 다녔던 길목을 걸었고, 갑작스럽게 내린 비에 가까이 있던 그늘막 아래로 비를 피했다. 곁에 있는 너를 빤히 바라보는데 너는 어딘가 생각에 잠긴 듯 가만히 앞을 바라볼 뿐이었다. 너의 발걸음 곁에 잡초들 사이로 피어난 이름 모를 꽃들이 점점 거센 비바람에 고개를 숙이고 숙이다 결국은 꺾여버렸고, 그 장면을 끝으로 나는 꿈에서 깼다. 짧은 소나기 같은 꿈이 끝난 자리엔 텁텁한 나의 감정만이 남아있을 뿐이었다. 너는 끝내 고개 숙인 꽃이었을까. 아니면 거센 폭풍이었을까. 아니면 쓸모없는 잡초 같은 사랑이었을까.

고개를 숙이니 벌써 네가 그리웠다.
그리움은 참 눈치가 없다.

여기서 끝

◆

'언젠가 다시 만나자.'

그때부터 기약 없는 기다림의 시작이었다. '언젠가' 뜻밖에 마주친 게 너이길 바라며 살았던 시간은 내게 공허와 메마름이었다. 그때 네가 '여기서 끝'이라며 단호히 선을 그었다면 하나의 희망도 없이 너를 잘 버려가며 살았지 않았을까. 네가 떠난 곳에서 켜켜이 쌓인 먼지를 삼키고 마른 기침을 해대면서도 나는 이 자리를 벗어날 생각조차 하지 않고 너를 기다리는 것이 당연한 듯이 살았다. 그러다 네가 말했던 '언젠가'에 담긴 의미를 느린 기다림 속에서 기어이 깨달은 거지. 아니, 나는 이미 알았을지도 몰라. 그냥 내가 '여기서 끝'이라고 생각하면 끝날 기다림이었다는 거.

그제야 겨우 너를 쉬고 싶다는 생각을 했다. 한숨 한 번에 밀어낼 수도 있었구나. 낡아진 마음에 남겨진 네 그림자를 벗어나서 걸어봐야지.

그래.
늦었지만 우리,
여기서 끝.

짝사랑

◆

 저물어가는 마음인 줄 알았는데 내일이면 다시 떠오르는 이 마음은 당연한 듯 늘 그 자리에 머무르지. 그러니 나는 너를 사랑하지 않았던 밤을 기억해야 해. 언제고 다시 그때로 되돌아갈 준비를 해야 하니까. 마주치면 눈치 없이 젖어 드는 맘을 모른 체하고 다른 곳에 시선을 두고 자연스레 웃어야 해. 그리고 네가 아닌 것들을 사랑하는 연습을 해야 하지. 이를테면, 그치기만을 기다리며 버리지도 가지지도 못한 채 살아가던 나 자신. 내가 쌓아 올리고 내가 무너뜨린 마음을 흔적 없이 치워내려 발버둥 치는 일이 얼마나 슬픈지 너는 모를 테지.

마지막 인사

◆

 잔잔한 오후, 우리는 말 없이 걸었다. 바람이 점차 차가워지는 중이었고, 그에 따라 우리도 함께 식어가는 중이었다. 하늘에 걸쳐있던 구름이 점차 멀어지고 있었고, 시간은 멀어지는 구름을 붙잡지 못하는 게 마치 우리와 닮았다. 곧 저 구름처럼 너도 시야에서 사라지고 말겠지. 떠나는 기척도 없이 마지막 호흡을 한다. 마지막 인사가 꽤 길다.

책 한 권

◆

너에게는 내가 덮으면 그만인 책 한 권에 불과했을까.
무엇인지 궁금하지도 않은 표지였을까.
두고두고 읽어주었다면 좋았을 텐데.
내 페이지 몇 장쯤 찢어가도 버텼을 텐데.
내 삶을 너에게 줄 수도 있었을 텐데.

나는 다정을 믿지 않기로 했다

◆

 우연히 만난 인연에게 나의 전부를 들킨 적이 있다. 아니, 들킨 것보다 스스로 나의 상처까지 들춰냈다는 게 더 맞는 말이겠다. 한없이 어둠을 걷고 있을 때, 나에게 다정하게 다가와 주는 사람이라면 자연스럽게 나의 테두리를 열어준다. 그렇게 만난 우리를 '인연'이라고 부르며 사소한 일상을 주고받고, 우린 자신의 불행을 모조리 꺼내놓고 그 사이의 교집합을 쓰다듬어준다. 그리고 어느샌가 내 마음 한쪽을 찢어서 건네주기까지 한다. 이 정도면 우리 조금 행복하지 않냐며 너스레도 떨어본다. 이렇게 나를 희생하면서까지 사람을 사랑할 때가 있다. 허나 왜 우린 아픔을 털어둘수록 가여워져 갔던 걸까. 불안은 마음 한편을 찢을 준비를 하면서 함께 자랐던 걸까. 기댔던 마음이 기어코 넘어지고 만다.

나의 전부를 꺼내둔 사람이었는데 언제부턴가 내 곁에 없고, 이미 흘러간 사람인 양 뒤돌아 봐주지 않는다. 이건 다정 하나에 쉽게 속아 내 상처를 건넸던 나의 잘못이었을까.

누군가를 믿고 사랑했던 마음으로부터 멀어지기 위해 사람의 그림자를 지우며 살아간다. 그리고 애써 마음을 잠근다. 너무 큰 인연이라고 떠들어댔던 나의 미련만 남은 채, 다시 어둠을 걷는다.

나는 또 한동안 다정을 믿지 않기로 했다.

"나는 타정을 믿지 않기로 했다."

이유

◆

 나는 왜 우리가 서로에게 이렇게까지 남겨질 수밖에 없었는지 너를 잊어가면서 긴 시간 생각해야 했다. 그리고 너를 사랑하지 않을 수 있을 때가 돼서야 답을 찾았지. 이유는 간단했다. 너에게 내가 그 정도밖에 안 되는 사람이었다는 것. 내가 아파하는 것에 비해 이유가 너무 간단했다.

네가 있다

◆

멈칫하는 순간엔 어느새 스며든 네가 서성인다.
한참을 걸어봐도 그 길의 끝에는 있지도 않은 네가 있다.
기울어진 새벽에도 너는 존재한다.
줄곧 내 속에는 소모되지 않은 네가 있고,
아직 다 사라지지 않은 것들이
여전히 마음 어딘가에 잠겨있다.
내겐 어딜 가도 네가 있지만
나는 너의 그 어디에도 없다.

오래된 이별

◆

 오늘은 꿈에서 커다란 무지개다리를 당신과 함께 손을 잡고 거닐었어요. 오랜만이었죠. 이렇게까지 환한 웃음을 짓는 것도, 당신을 마주한 것도. 내 머리칼을 스치는 바람도 적당했고, 햇볕도 따스했어요. 모든 게 좋았지만, 그 무엇보다 당신이 다시 곁에 있다는 게 가장 행복했어요. 나는 당신에게 보고 싶었다고 말하고, 사랑한다고도 말하고, 그리웠다고도 말하고, 가지 말라고도 말해요. 마치 곧 떠날 사람을 붙잡는 것처럼요.

 "수고했어, 내 사랑."

 희미하게 잊힐 뻔했던, 가장 듣고 싶었던 그 사람의 목소리는 이상하리만큼 어색하게 느껴졌고, 당신의 눈은 왜인지 울음이 섞여 있었어요. 힘주어 깍지를 꼈던 손은 당신에

의해 점차 빠지고 나는 빠져가는 손을 다시 붙잡을 힘조차 없었어요. '아, 우리 또 이별하겠구나.' 직감한 순간, 꿈에서 깨버렸죠.

분명 우린 함께였는데 깨고 보니 나는 여전히 혼자였어요. 다시 잠들어봤자 다시 이 꿈을 꿀 수 없다는 것을 알고도 나는 눈을 감았죠. 이렇게라도 봤구나 싶었다가도 부재를 마주하면 할수록 지독히 허물어지는 마음은 늘 견디기 힘들어요. 그리고 어김없이 허탈하게 남은 꿈의 잔상을 당분간 안고 살아가게 되겠죠. 꿈에서 들었던 마지막 말과 울음 섞인 눈이 내내 머릿속에서 떠나지 않을 거고요. 존재의 쓸쓸함은 이런 거예요. 자주 꺼내 보고, 자주 이별하면서 잔뜩 허기진 일상을 견디는 일. 끝내 가라앉고 마는 남겨진 사람의 마음. 사라지고 없다는 것을 알면서도 자꾸만. 자꾸만.

이따금씩

◆

 서랍장 맨 밑 칸에서 아끼던 엽서를 꺼내 너의 이름을 적었을 때, 갈색의 잎이 눈앞으로 떨어지는 계절이 우리에게 왔을 때, 함께 여행 갔던 곳을 다음 해 다시 손을 잡고 오게 됐을 때, 기억하고 싶지 않은 상처로 너의 품에 안겨 엉엉 울었을 때, 잠이 오지 않는 새벽에 무심코 걸려왔던 네 전화. 결국, 새벽 끝에 탁한 색감의 하늘을 보며 눈을 감았을 때, 우리 둘만 걸었던 그 시절의 낭만. 마치 습관처럼 어떤 감정을 쥐어도 서로의 곁에 있어 줬던 아프지만 고마운 기억들이 주마등처럼 스친다. 눈을 감으면 자꾸만 그때로 돌아간 것 같은 기분이 들었다. 애석하게도.

 그날의 온도와 분위기, 그 계절의 냄새, 주고받았던 대화, 자꾸 웃을 때 감기는 너의 왼쪽 눈, 나만 아는 너의 다정한 표정. 그 모든 게 생생하게 기억되는데. 일상 속에서 들려온 네 이름, 조금이라도 닮은 사람의 뒷모습, 우리가 서려 있는 공간들, 너와 같은 비누 향, 습관처럼 나온 네 말투. 나는 자꾸 너와 닮은 것들에 멈칫한다.

문득,
떠오르는 것들의 여운이 너무도 길다.
마음이 이따금 눅눅해져 간다.

너도 내가 슬플까

◆

 늦은 밤, 동네 주변을 멍한 표정으로 걷고 또 걷다가 어느새 똑같은 편의점을 몇 번이나 지나치고 있음을 알았다. 나는 최대한 내가 상처받지 않을 말들로 마음속을 꽉꽉 채워야 했다. 이 단어, 저 단어를 고민하고 어떤 자세와 어떤 표정을 지으며 말해야 할지를 생각했다. 어떤 순간엔 조금만 더 사랑해달란 솔직한 문장이 서성였고, 어떤 순간엔 네가 없어도 나는 충분히 괜찮을 거란 거짓의 문장이 북적였다. 그렇게 나는 내가 더 다치지 않기 위해 거듭 애써 헤어질 준비를 한다. 딱딱하고 단호한 네 글자를 말하기 위해 그 주위를 둘러싼 많은 말이 기어코 너를 향해 매섭게 파고들기를 바랐다. 그런데 결국 내가 너에게 그 말을 건넸고, 우리가 정말 헤어진다면 너에게 내가 작은 웅덩이 같은 울음이라도 될까.

언젠가 너도 내가 슬퍼질까.

봄이 온다

◆

 연신 콜록대며 독한 감기에 시달렸던 겨울의 끝. 돌아오지 않을 사람이자 돌아와서도 안 될 사람을 기다리다 겨울이 지나고, 오지 않았으면 좋겠다 싶었던 봄이 성큼 다가온다. 마음은 몇 번이나 보고 싶다는 그리움을 전했으나 차마 닿지 못한 문장이 쓸쓸한 겨울에 남겨진다. 결국은 망설이고 주저하다가 긴 겨울이 다 지났다는 말이다. 칼날 같았던 마음에도 조금의 햇살이 들어설까. 나는 이 겨울을 무사히 잃어버릴 수 있을까. 봄이 온다. 겨울이 다 소화되지도 못한 채 어설픈 봄이 왔다.

감정 쓰레기통

◆

 나는 자주 너의 안녕이라는 말속에서 살았다. 자연스러운 습관 같은 거였다. 너는 내게. 거창할 거라곤 없었지만, 마음이 드러나지 않았던 일상적인 너의 그 인사말에 나는 자주 내 봄을 내어주었다. 너는 이미 잊어버린 말들을 나는 자꾸 주워 담았다. 나의 일기엔 너를 떠올리는 분홍의 낱말들이 빼곡히 쓰였고, 나의 빈곤한 마음에는 너에게 닿을 수 없는 말들이 자꾸 쌓여갔다. 미지근한 말들이 뜨거운 말이 될 때까지 들끓고, 겨우 버린 말들은 나도 모르는 사이 다시 머릿속에 돌아다녔다. 나의 쓰레기통에는 네가 이미 잊어버린 말들과 전하지 못한 말들이 꽉꽉 차서 무언가를 더 버릴 수가 없을 지경이다. 차마 비워지지 않는 마음엔 이유 없는 다정함에 헤엄치는 내가 있다.

지나가고
　　있습니다

◆

 그대가 빛나기만을 바라며 어둠을 자처하던 시절을 지나 나는 그럭저럭 곧잘 잊으며 잘 지내고 있습니다.

 어쩌다 너무 고요한 빈방이 싫을 때는 나도 모르게 막연한 이 적막을 깨려 헛기침을 하고, 정 외로워질 때면 잠시 밤 산책을 나가기도 합니다. 공허함이 밀려들어 올 때면 외로워지지 않으려고 애쓰는 중입니다. 그리고 최대한 사랑할 것들을 만들지 않습니다. 그리워할 것들이 더는 늘지 않기를 바라니까요. 문득 창문을 열고 차가운 공기가 닿을 때면 계절이 지나가고 있음을 알게 될 때가 있습니다. 그나마 남은 온기가 식을 때까지 내가 조금 더 외롭고 쓸쓸해질지도 모르겠지만,

계절이 지나고 있습니다.
이따금 식어가겠죠.
곧잘 잊으면서
조금씩 사라질 거예요.
마음도.
기억도.
그대도.

그대도.
기억도.
마음도.
조금씩 사라질 거에요.
곧잘 잊으면서
이따금 식어가겠죠.
계절이 지나고 있습니다.

위로에 관하여

Part
5

최선을 다해서 상처받은 오늘과 멀어지자.
도망치듯 건너간 내일에도 봄은 올 테니.

오늘의 당신은 안녕하신가요.

같이 가자

◆

그래도 괜찮아. 곁에 있어 줄게.
그곳이 어떤 길이든 같이 가자.

 가진 것 없고 당장 내일의 방향감마저 상실해버렸을 때, 이 말 몇 마디를 건네주는 사람의 가슴팍에 안겨 엉엉 울었다. 이 사람은 아무 조건 없이도 나를 사랑해줄 수 있는 사람이구나. 그럴 수도 있구나 싶어서. 내 무엇이 좋다는 갖가지 말보다 그저 나라서 좋다는 말은 내 존재의 가치이기도 했다. 커다란 돌멩이가 얹어진 것처럼 숨 쉴 수 없이 무겁게 짓눌렸던 마음이 말 몇 마디에 떼어지는 기분. 시선을 둘 수 없을 만큼 뜨거운 불볕이 내리쬐어도 '같이 가자.' 이 한 마디에 온 세상이 찬란하다. 상실의 끝에서 살아가야 할 이유를 던져준다.

그래도 괜찮아
곁에 있어줄게
그곳이 어떤 길이든
같이가자

괜찮다

울어도

◆

괜찮다.
울어도.
새벽 내내 쏟아내면
이따금 괜찮아질 거야.
마음 하나쯤 내내 게워내도
이 밤은 침묵할 테니.
그러니 최선을 다해서
상처받은 오늘과 멀어지자.
도망치듯 건너간 내일에도
봄은 올 테니.

온기 같은 존재

◆

 '작은 온기 같은 존재가 되어주고 싶어. 묵묵히 앞으로 걸어가던 네가 이따금 뒤돌아서서 바라보면 너를 향해 힘껏 손을 흔들어주고 싶어. 너는 그 누구와도 바꿀 수 없는 존재이고, 너의 삶 곳곳엔 너를 사랑해 주는 것들이 있으니 너무 오래 울지 마.'

 정말 별거 아닌 말이 충분한 위로가 되어줄 때가 있다. 그 위로는 혼자인 것 같다가도 휘청거리는 나를 넘어지지 않게 꼭 붙잡아주기도 한다. 내일이 오면 나는 다시 울음을 터트리고 싶어질지도 모르겠지만, 지금 이 순간만은 긴 겨울에 갇혀있던 하루에 잠시 봄이 다녀간 것처럼 가만히 웅크리고 있는 나를 그 작은 위로가 기꺼이 품을 내어준다.

청춘

◆

 오늘을 그저 스쳐 지나가는 젊은 날의 하루쯤으로 여기고 있으려나. 그 하루하루가 모여 한 시절이 되고, 그걸 우리는 '청춘'이라고 부른다. 삶은 누구에게나 영원하지 않으니 늦은 때가 돼서야 후회 가득한 지난날로 남겨지지 않게 살아낼 남은 날 중 가장 젊은 오늘을 즐기자. 가끔 아무것도 하지 않았던 하루를 여유라 말하면서 매번 아무것도 하지 않는 날을 보내면 끝내 우리는 무엇도 될 수가 없다는 걸 기억하자. 누군가를 좋아할 수 있을 때 마음을 전해보고, 하고 싶은 것이 생길 때 주저하지 말고, 먹고 싶은 것을 먹고, 보고 싶은 사람에게 보고 싶다고 말하자. 오랜 꿈으로만, 오랜 마음으로만 간직하지 말았으면 한다. 그러니까 순간마다 온 힘을 다해 나의 성장을 즐기길 바라. 뒤돌아봤을 때 가장 찬란한 기억을 가지고 살아갈 수 있도록 무엇보다 함부로 빛나는 청춘이기를.

보통의 하루

◆

 나는 오늘이 무던하게 지나갔으면 좋겠다. 해야 할 일들이 적당히 마무리되기를 바라고, 하고 싶은 말을 할 수 있길 바라며, 싫은 것들은 내게 오지 않기를 바라고, 타인들과 적당한 거리감에 불편한 감정이 내세워지지 않기를 바란다. 나는 그저 적당하기를 바란다는 것이었는데, 오늘이 지나가고 후에 이 하루가 떠오르지 않아도 상관없으니 그저 보통의 하루이길 바라는 것뿐이었는데, 이 또한 너무 많은 걸 바라는 것이었을까. 정말 욕심인 걸까.

상처를 견디는 일은
숙명이 아니다.

◆

'다들 그렇게 살아가고 있어. 너뿐만 아니라…'

온 힘을 주어 견디고 있는 내 아픔에 가볍게 넘기듯 삼켜지지도 않는 위로를 강요하는 타인.

'요즘 애들은 끈기가 없어. 너무 쉽게 포기를 하고, 너무 쉽게 힘들다는 말을 해. 그 정도는 혼자서 이겨낼 줄도 알아야지. 변명들만 늘어. 우리 때는 그런 것도 없었는데 말이야.'

일명 '나 때는 말이야.'라는 말이 일반 사람들의 입에서 하나의 우스갯소리처럼 유행되고 있었다. 자신들이 겪어온 삶과 비교하며 나의 힘듦은 유별나지 않다는 맥락의 말들.

위로를 건네는 방식이 어설픈 것일 수도 있고, 그냥 그 사람 자체가 자신의 경험을 비롯해서 말하는 습관 같은 것일 수도 있다.

하지만 나는 저 말들에 숨이 턱 막히는 기분이 들었다. 우리는 분명 조금씩 다른 환경에서 다른 시절을 겪었고, 사람마다 힘듦의 용량도 다 다르고, 상처가 아물어가는 방식도 저마다 다 다를 수밖에 없고, 같은 상처를 겪는다고 해서 모두의 아픔이 결코 똑같지는 않을 텐데. 왜 우린 자꾸 남들의 힘듦에 견주어 비교되어야 하는 걸까.

마음을 더 곪게 하는 말들이 삶 속에 자주 깔려있다. 누군가에게 털어두고 싶었던 말들을 도로 삼키게 하고, 입을 다물라고 하는 것과 같다. 아픔을 너무도 당연한 숙명처럼 말하는 사람들. 구태여 삶에 감정을 녹이고 살아가는 사람이라면 굳이 현실에 따끔한 바늘을 꽂고 살지 않아도 될 텐데 말이지. 아무리 내 세상에서만 유난스러운 감정이더라도 작은 끄덕임 하나만으로도 우리는 서로에게 위로가 되어줄 수 있을 텐데.

울어도 돼

◆

 소리 없이 자주 우는 사람아, 비워도 비워도 넘쳐나는 마음으로 너는 얼마나 많은 상처를 품고 살아가니. 안간힘으로 버텨도 수십 번을 주저앉게 하는 삶 속에서 얼마나 악착같이 버티고 있니. 누구에게도 말하지 못해 오늘도 입술만 꾹 다무는 건 아닐까. 툭 하고 건드리면 금방이라도 터질 것 같은 표정과 가느다랗게 떨려오는 입을 하고 있으면서 애써 외면하고 있는 건 아닐까. 마치 삼켜내지 않으면 큰일이라도 난다는 듯이. 이 고요한 침묵이 무너지면 안 될 것처럼 말이야. 실타래처럼 얽힌 감정의 굴레에서 잠깐 벗어나 가끔은 힘껏 울어도 뭐라 하지 않을게. 가끔은 너의 입에서 힘들다는 말이 나와도 나약하게 보지 않을게. 잠시 기댈 곳을 찾아서 짊어진 마음을 내려놓자.

가끔은 그래도 돼.

그럼에도 불구하고

◆

'그럼에도 불구하고'

 이 문장을 좋아한다. 문장 자체에 희망이 보일뿐더러 기어코 일어설 수 있을 것만 같은 알 수 없는 자신감을 심어준다. 포기하지 않는 한 희망은 언제든 있고, 멈추지 않는 한 길은 이어진다. 이별했어도 다시 사랑은 오고, 아무것도 하지 않고 충분히 무너진 오늘이더라도 아무것도 하지 않아서 충분히 행복한 내일이 오기도 한다. 그럼에도 불구하고 우리가 빛날 날은 꼭 온다.

그리운 '나'

◆

 우리는 작고 큰 상처로 이루어진 사람들. 나는 끊임없이 사람들의 말에 상처받고 그들의 기준에 몸을 움츠려 맞춰가며 나 자신을 깎고 깎았다. 그렇게 나의 본 모습은 어땠었는지도 잊어버린 채 어느새 마모되어 둥근 모습을 하고 있었다. 조금 기울여지면 나는 어디든 잘 굴러다녔다. 그 모습을 보고 누군가는 내게 어른이 되었다고 말했고. 나에겐 그 말이 그리도 슬펐다. 인내가 쌓인 마음은 건강하진 않지만, 건강한 척 연기를 한다. 그런데도 드문드문 마른 미소가 지어지는 이유는 대담했으나 어설펐고, 상처받았으나 자꾸 용기 내던 나의 모습이 그리워져서인가 보다. 일기장만 봐도 확연히 알 수 있다. 오늘의 나를 위로하고 내일의 나를 괜찮을 거라 다독이는 그 시절의 일기와 힘들다는 말만 주구장창 적힌 지금의 일기는 너무도 달랐으니까. 마음이 자주 저물지 않던 그 시절의 내가 지금의 나에게 타인이 되어버린 것 같은 기분. 나는 지금의 나를 위로하는 방법을 자꾸 잊는다.

우리는
작고 큰 상처로
이루어진 사람들

공허한 위로

◆

하고 싶은 게 없어요.
자꾸 무기력해요.
내일이 두려워요.
자존감이 낮아요.
사람들의 시선이 두려워요.

내게 위로의 온도가 뜨뜻미지근해졌을 때쯤 많은 사람이 내게 고민을 털어두었다. 그 사람들은 하나같이 비슷한 말을 했다. '주변 사람들에게는 말하기가 어려워서' '기댈 곳이 없어서 찾아왔어요.'라는 말. 사람들에게는 점차 자신의 주변 사람에게 털어두지 못하는 것들이 늘어난다. 우울이 서로에게 짐이 되고, 피곤스런 감정으로 치부되고, 어두운 감정은 뒷면에 숨긴 채 입꼬리에 힘을 주며 살아가는 게 더 쉽다고 생각한다. 나 또한 그 사람들과 비슷한 고민을 가지고 살아가기에 내가 해줄 수 있는 말이 그다지 없었다. 해줄 수 있는 거라곤 그저 들어주고 평범하고 미지근한 위로를 건네줄 뿐이었다.

우리는 모두 다 조금씩 지쳐있었다. 누군가의 힘듦에 견주어 나의 불행마저 또 작게 느껴지고, 위로를 받는 것에도 점차 보이지 않는 서열이 생긴다. '이 정도는 견뎌낼 줄 알아야지.' 하는 말에 견디는 것은 당연해지고, 그러지 못하면 쉽게 나약해지는 사람이라며 상처받은 나를 몰아세운다.

나는 무조건 견디라는 말이 어렵다. 내 청춘의 아픔과 상처가 너무 당연시되는 게 지쳐있는 우리를 위로하기엔 힘 빠지는 공허만 남기기 때문이다. 어쩌면 모든 게 별거인 세상에 괜찮다고 입버릇처럼 말하고 있는 우리가 과연 견디는 중인 걸까. 병들어가는 중인 걸까. 뻔한 위로의 말에 속아주고 싶은 밤, 가끔은 짊어진 것들이 너무 버거워서 휘청거리며 걷는 우리가 과연 지금 잘 지내고 있는 걸까.

흘러가는 대로 둘 것

◆

아무렇지 않은 척 웃었지만 실은 삶이 버거운 사람에게,

살아가다 보면 사람과 삶이 염증같이 느껴지고 내 존재가 참 무력하구나 싶은 순간이 있다. 너무 좋아했던 노래가 지겹게만 느껴질 때도 있고, 악의가 없었음에도 미움받는 일은 어딜 가도 존재하고, 내가 사랑하던 것들이 나를 사랑해주지 않으면 내 가치가 무의미하다 여겨질 때도 있다. 우리는 이토록 홀로 슬픔에 잠기는 것에 너무 익숙해져 버렸으니 누군가에게 털어두기보다 혼자 앓는 게 낫다고 여기다가도 괜히 누군가가 알아줬으면 좋겠고 또 끈질기게 물어봐 줬으면 싶기도 하다.

하지만 우리가 반드시 알아야 하는 것은 스쳐 가면 끝나버릴 한낱 소나기 한줄기에 너무 오래 움츠려 있다는

것. 죽을 만큼 버거웠던 것들은 대체로 조금 지나면 감정이 가라앉아서 거리를 둔다. 순간은 아프고 울고 싶어져도, 흘러가면 흘러가는 대로 붙잡지 않고 잘 놓아주는 연습이 우리에겐 필요하다.

아파하는 순간은 어차피 지나가고
그 순간들은 과거에서 지금 내 앞으로 오지 않는다.

내가 사는 밤

◆

춥다.

아직 보일러도 켜지 않고, 전기장판도 켜지지 않은 이 공간에서 나는 창문을 열고, 시린 초겨울 바람을 잠옷 차림으로 만끽하는 중이야. 창틀을 넘어오는 한기에 머리가 아파오고, 온 힘을 다해 견뎌낸 것들이 다 무너지는 기분이지. 아마 내일 일어나면 나는 감기에 걸려 있을지도 모르겠지만, 지금 난 어딘가 구겨진 책처럼 반듯하지 못한 상태거든. 누군가가 말하더라. 마음속에 따뜻한 온기 한 조각 가지고 살면 추위도 어디서든 견딜 수 있다고. 그럼 계속 살아갈 수 있대. 근데 그 말에 그냥 기대고 싶다가도 온전히 믿고 싶지 않은 기분이 드는 건 내가 사는 밤에도 작은 온기가 있었던 반면 그런 온기가 하나도 없는 밤도 있었기 때문이야. 그 온기 없는 밤은 무척이나 외로워서 자주 죽어가는 기분이었거든. 사실 오늘이 그런 날이야. 멍한 표정을 하고 모든 것이 꺼져있는 창밖의 도시를 쳐다보는데 내 마음만 스위치가 꺼지지 않는 기분이 들어.

 다 지나버린 오늘을 보내지 못하고 깨어있는 이 밤은 갈 곳 잃은 어린아이처럼 잔뜩 헝클어져 있어. 그렇지만 이 새벽이 다 지나면 나는 결국 해가 든 환한 방에서 일어나게 될 거야. 그럼 이 온기 없던 긴 밤이 무색하게 환한 표정으로 나의 고양이를 안고 다정한 안녕을 하며 웃을 거야. 그러니까 나는 또 아무렇지 않은 척 살아가게 된다는 거야.

 달칵-

그나마 온기처럼 느껴졌던 주황색 조명도 껐어.
꿈이라도 따뜻했으면 좋겠네.
잘 자.

독백

◆

 울음이 다 닳도록 빈곤하게 버텨낸 새벽이 후에 정말 별 거 아닌 것처럼 느껴질 때가 있다. 이상하다. 괜찮아지려고 온 힘을 다해 애쓸 때는 괜찮아지지 않더니 누구도 그 고통에 대해 치유해주지 않았는데 자연스럽게 정리되는 기분. 나의 밤을 집어삼켰던 우울은 막상 그렇게 무색하게 또 허무하게 이유도 모른 채 사라져버린다.

한숨

◆

 긴 한숨으로 시간을 다 보냈던 하루 끝을 맥주 한 모금으로 마무리하는 그 느낌이 좋아서 퇴근 후 편의점에 들러 맥주 한 캔을 종종 산다. 그리곤 편의점 앞 의자에서 넋 놓은 얼굴로 한 캔을 다 비워낸다. 괜찮지 않아도 괜찮은 척하며 맥주 몇 모금에 넘겨지는 하루의 상처들. 나는 나를 달래는 것에 익숙해지고 있었다. 살아가다 보면 놓칠 수도 있고, 항상 제자리에 있던 것을 잃을 수도 있다며. 너무도 별일을 별일 아닌 것처럼 넘겨낸다. 마음은 일어날 기미가 보이지 않을 만큼 한없이 무기력했고, 맥주 한 캔을 마신 것뿐인데 삶이 빙빙 돌았다. 생각할 것이 많아지고 있었다. 그러니 오늘은 집을 조금 둘러 가야겠다.

조금 더 걸어보자.
걸을 수 있는 곳까지만.

마음의 여백

◆

 타인으로부터 받은 상처에 휩쓸려 사소한 것에도 자꾸 움츠러들고, 불필요한 감정에 긴 시간 불안에 떠는 우리는 연약한 바람과도 같다. 그럴 때면 우리의 마음엔 조그만 공간이 필요하다. 오롯이 비워둘 수 있는 여백. 감정에 압도될 때마다 나를 잃어버리지 않게 숨을 수 있는 공간. 감정의 주도권이 타인이 아닌 오롯이 나일 수 있게끔 나를 지키는 방법을 늘 생각해야 한다. 옅은 바람에 곧잘 흔들리는 나를 어설픈 자학으로 덮어두려 하지 않기를.

여름 몸살

◆

 밖은 온통 여름투성이인데 몸은 으슬으슬 추워졌다. 한여름이 감기몸살이라니. 냉기 하나 없는 더위에 덜덜 떨어야 한다니. 그중 다행인 건 출근을 하지 않는 주말이라는 거였다. 하지만 출근은 물론 병원을 다녀올 수도 없는 노릇이었다. 머리는 어지럽고, 속은 메스껍고, 식은땀에 베개는 자꾸 젖어간다. 휴대폰을 뒤적거리며 죽 끓이는 방법을 검색하다 속상해서 울음이 다 났다. 억울해도, 슬퍼도, 불행해도, 우울해도, 하필이면 행복해도 곧잘 참았던 사람은 어지간히 아픈 일마저도 참으며 살았지만 한여름에 한기가 도는 것도, 꺼져 있는 TV에 비친 초라한 모습도, 적막하다 못해 너무 크게 느껴지는 7평 남짓한 반지하 방도. 먼지 같은 쓸데없는 서러움에 괜히 마음마저 욱신거렸다.

홀로 참는다는 건 언제나 쓸쓸한 일이었지.

웃음약

◆

 내가 열 살이었을 때, 미연이와 소정이라는 친구가 있었다. 정확히 우리가 어떻게 친해지게 됐는지 기억나진 않지만, 우리는 매일 아침 만나 같이 등교를 했고, 늘 함께였다. 그때의 우리에겐 100원이면 살 수 있었던 약이 하나 있었다. 그건 노란색 알약 모양의 사탕이 반투명한 약통에 포장된 100원짜리 불량식품이었다. 우리는 매일 등굣길에 학교 앞 문방구에 들러 그 불량식품을 사곤 했다. 그리고 그 불량식품에 우리만 아는 이름을 붙여 주었다.

 - 웃음약

 이 약을 먹으면 아무리 속상한 일이 있어도 웃게 된다는 말도 안 되는 효과를 붙여 만든 이름이었다.

우리는 쉬는 시간만 되면 학교 운동장 한쪽에 있었던 농구 골대에서만 놀았다. 우리 중 누군가가 조금이라도 속상한 일이 있으면 이곳에 와서 속상한 친구에게 웃음약 한 알을 쥐여준다. 그럼 그 약을 먹은 아이는 크게 소리 내어 웃어야 했다. 서로에게 서툴게 건네는 위로이기도 했다.

 지금도 기억나는 2005년 5월 30일.
우리 가족이 다른 지역으로 이사를 가게 되면서 친구들과 아쉬운 안녕을 했던 날이다. 마지막으로 학교에 갔던 날. 미연이와 소정이는 나를 데리고 학교 앞 문방구에서 웃음약 열 개를 사서 내게 건넸다. '이거 먹고 절대 속상해하지 마. 그곳에선 우리가 달래줄 수가 없잖아.'라고 말하면서.

 그날 우리는 십 년 후 스무 살이 되는 2015년 5월 30일에 이곳에서 만나자는 마지막 약속을 하며 나는 전학을 갔다.

 친구들과는 후에 꾸준히 연락을 주고받았다가 중학교에 들어갈 무렵 자연스럽게 연락이 끊겼다. 어린아이에서 성인이 되기까지의 십 년은 너무도 긴 시간이었고, 나는 자연스럽게 그 친구들을 잊어가며 스무 살이 되었다. 우리가 새끼손가락을 걸고 약속했던 2015년 5월 30일은 내게 기억되지 못한 채 무심히 지나갔다. 그러다 '어린 시절'을 주제로 한 글을 쓰다가 불현듯 어린 날의 우리의 약속이 떠올랐고, 이미 늦었지만 그 초등학교를 뒤늦게 찾아갔다.

카메라 하나를 챙겨 14년 만에 그곳으로 가는 길. 변한 것은 나뿐만이 아니었다. 학교를 가기 위해서 긴 언덕을 천천히 올라갔다. 그렇게 올라오면 학교의 정문이 보이고 그 정문 앞엔 우리가 웃음약을 사던 작은 문방구가 나온다. 다행히도 그곳은 녹슨 간판을 한 채 여전히 그대로 그 자리에 있었다. 그것만으로도 오랜 추억은 내게 위안이 됐다. 학교 안으로 들어서니 사라졌을 것 같았던 농구 골대가 그 자리 그대로 자리하고 있었다. 오랜 시간을 머금은 듯 많이 녹슬고 낡아버린 모습이 새 농구 골대의 옆에서 혼자 외롭게 버티고 있는 것만 같았다.

잔뜩 넘겨뒀던 페이지를 다시 앞으로 넘긴다.
바람이 선선했던 어린 날의 봄 냄새가 나는 것 같았다.

'우리가 어른이 되는 날은 언제쯤 올까?'
'그때 우리는 뭘 하고 있을까?'

 소란스럽게 웃던 열 살의 우리가 궁금해하던 그 미래에 어른이 되어버린 내가 서성인다. 나는 이제 누군가가 원한다면 웃음약을 먹지 않아도 웃음 짓는 방법을 안다. 어른이 된다는 것은 우리가 떠들었던 것만큼 거창할 건 없었다. 그저 사랑하는 것들과 떠나가는 것들 사이에서 서툴게 흘러가는 중이다. 그때의 우리들은 지금 어떤 어른이 되었을까.

 그냥 어디에 있든 무엇을 하든 행복했으면 좋겠다. 어린 날의 우리가 기억될 때면 웃음약을 한 알 삼킨 것처럼 미소 지을 수 있기를 바란다. 각자의 삶에서 마치 낡은 농구 골대처럼 여전히 그 자리에 있는 이 다정한 기억을 잊지 않고 살아갈 수 있기를.

생애

◆

 나를 사랑했던 사람이 나를 사랑하지 않게 될 수도 있고, 그토록 좋았던 순간이 후에는 잔인한 순간으로 남겨질 수도 있고, 삶이 다 끝나버린 것 같았는데 실낱 하나의 희망이 저 발끝 언저리에 걸려 휘날리고 있을 수도 있다. 우리의 삶은 태어남과 동시에 매 순간 예측한 것들이 빗나가며 그 순간마다 감내해야 할 것들투성이다. 평생을 풀어도 모르는 숙제다. 다만, 나는 네가 그만큼의 어두운 뒷면에서 허우적대지 않기를 바란다. 그만큼의 불행이 너를 비껴가길 바란다. 나는 네가 곧잘 아물기를 바란다.

스위치

◆

 우리는 눈으로 보이지 않는 마음을 유추해내고 비교하느라 소란스러운 밤을 지새우곤 한다. 마음에도 스위치가 있으면 좋았을 텐데. 밤이 오면 툭 꺼버리고 무거운 생각을 더는 하지 못하게.

오늘의 우울은
딱 여기까지

◆

 가끔은 울 기운조차 없이 연약해질 때가 있다. 바쁜 게 당연한 듯 지낸 하루의 끝엔 이상하리만큼 상실감이 자주 찾아온다. '내일도 비슷하겠지.'라는 마음은 권태로운 삶을 버티던 내게 마치 '또 다른 불행이 기다리고 있어.'라고 말하는 듯했다. 다 괜찮아질 거라는 마음과 애써봐도 소용없다는 마음이 자주 충돌한다. 견디고 견디다 보면 내 삶이 조금이라도 밝아지려나. 무채색의 일상에 무언가 하나라도 빛이 날까. 낮은 마음에서 허우적거리다가 종일 나를 찔러대던 우울들이 베개에 쏟아진다. 그러다 '나만 이런 밤을 보내는 건 아닐 거야.' 하는 생각은 이내 마음을 미지근하게 만든다. 누구에게나 이처럼 공허한 시간은 분명 존재할 테니까. 이제 서서히 눈을 감고, 꿈으로 도망쳐야겠다. 새벽 내내 괜찮다고 쓰다듬어줄 손길을 만나러 가야지. 아침이 오고 다시 깨어났을 때 아무렇지 않게 다시 살아낼 걸 알기에 오늘의 우울은 딱 여기까지.

기억해?

◆

'기억해?'

고작 이 세 글자를 쓰고 한참을 들여다보다가 종이를 구겨버렸다. 그 뒤에 적힐 만한 말들은 닿아도 고스란히 무너질 걸 알아서였다. 새벽만큼 조용히 울 수 있는 시간은 없었고, 너만큼 날 솔직하게 만든 사람도 없었지. 그래서 그랬다. 구겨버리지 않으면 내가 또 솔직해질 테니까.

지나버린 것들

◆

 허물어지는 것을 안아보려고 두 팔을 벌렸지만 이미 나를 지나친 것들이 많았다. 사랑하는 것들이 사라진 시간 속에서 나는 남아돈다. 떠나간 것들은 말이 없었고, 슬픔을 조율하기엔 나는 지나버린 곳에 너무 깊이 살아버렸다.

마음의 잔량

◆

 종일 묵묵했던 하루의 끝에 소중한 누군가에게 쓰러지듯 안겨 '나 오늘 되게 힘들었어.'라고 말하며 위로받고 싶은 날이 존재한다. 만일 그럴 수만 있다면 그 온기 하나로 내일을 살아갈 힘을 얻을 수 있을 텐데 그게 그리 쉽지만은 않았다. 평소엔 투정 부리는 성격이 아님에도 무작정 응석 부리고 싶은 날, 나를 모르는 사람이라도 붙잡고 힘들다는 말이 하고 싶어진다. 책을 읽거나 음악을 틀어둘까. 그럼 지금 내 마음을 다독여주려나. 무작정 전화를 걸어볼까. 전화하기엔 이미 너무 늦은 시간이구나. 위로받고 싶은 순간에도 이런저런 생각이 스치다가 끝으론 '그냥 누군가에게 위로를 바라지 말아야겠구나.'라고 생각이 드는 순간, 울음이 날 것 같았다. 나는 어딘가 고장 난 배터리처럼 빠르게 방전된 후에 마음의 잔량이 얼마 남아있지 않은 것 같았다.

단단한 기억

◆

 순간은 짧았지만, 그 기억과 마음은 길게 남겨질 거란 것을 그때는 몰랐다. 담담해지고 있는 줄로만 알았던 그 모든 순간은 맘속에서 기어코 단단해지는 중이었다.

흘려보낼 수 있기를

◆

 매일 궁상떠는 이 밤이 조금 시시해졌으면 좋겠어. 밤마다 밀려오는 생각들이 다 사라지고 텅 비워진 채로 고요하게 보내거나 정리되지 않는 책상을 정리해본다거나 어쩔 수 없이 일어난 순간을 원망하느라 결국은 나를 탓하며 이 모든 일을 어떻게서든 혼자 짊어지려 하지 않았으면 해. 누굴 기다리지 않고 이해만 하려고 애쓰지 않고 단호할 수 있는, 시들어버린 마음엔 '시들었구나.'하고 자연스레 흘려버릴 수 있는 그런 밤. 잔뜩 웅크린 마음들이 기지개를 켜고, 밝은 아침을 맞이할 수 있게. 스스로를 미워하지 않고, 나를 지치게 하는 무언가보다 더욱 소중한 나를 위해서라도 아주 조금은 더 어리석어지기를.

부산 언덕 꼭대기 집

◆

 꿈을 꾸었다. 꿈에는 언덕 꼭대기 집이 나왔고, 할머니, 할아버지와 젊은 날에 엄마가 나왔다. 그곳에는 언니와 내가 없었고, 엄마의 배가 한참 불러있는 걸 보면 우리는 아직 태어나지 않았나 보다. 엄마는 할머니가 끓여주신 된장찌개와 김치전을 먹고 있었다. 밥을 다 먹은 후에 할아버지는 엄마에게 밭에 가서 잠시 소화를 시키자며 엄마의 손을 잡고서 집 뒤에 있는 밭에 데려가셨다. 집 뒤에 가면 나오는 오솔길을 따라서 조금 걸어 들어가자 빛이 보였고 그곳은 고구마, 감자, 고추, 상추와 같은 농작물들이 가득 심어진 밭이었고, 그 너머로 부산 바다가 크게 보였다. 할아버지는 그곳에 있던 커다란 나무 의자에 엄마를 앉히고는 '하늘도 보고 바다도 보고 풀 내음도 좀 맡고 있으라.'라고 말씀하시곤 바구니 하나를 들고 밭으로 가셨다. 엄마는 할아버지의 말대로 하늘을 보고 바다도 보면서 그 옆에 있던 풀을 뜯고 풀 반지를 만들었다. 중간마다 손으로 배를 쓰다듬기도 하면서 콧노래도 불렀다. 할아버지는 가득 찬 바구니를 가지고 왔고, 엄마와 다시 집으로 돌아왔다. 엄마는 집에 오자마자 부엌을 지나 어떤 철문 하나를 열고 나갔다. 그곳엔 우물이 하나 있었고, 그곳에 넣어두었던 수박을 꺼내왔다. 거실에 있던 할머니, 할아버지와 잘라 온 수박을 함께 나눠 먹고선 방 안에 누워 눈을 감고 낮잠을 잤다. 그리고 엄마가 잠이 들자 나는 그 꿈에서 깨어났다.

그날 저녁, 밥을 먹다가 엄마에게 꿈에 대한 얘기를 해줬다. 차근차근 듣던 엄마는 조금 놀란 눈으로 말했다. 엄마가 나를 가졌을 때, 항상 할머니가 만들어주신 된장찌개와 김치전을 먹을 때면 입덧을 하지 않아서 자주 그 음식을 먹었다고 말했다. 그리고 할아버지의 밭에 할아버지가 만든 큰 나무 의자가 실제로 있었고, 그 밭 너머로는 부산 바다가 넓게 보인다고 말했다. 엄마가 가장 놀랐던 건 그 집 부엌에 작은 철문을 열고 나가면 엄마가 어렸을 때 할아버지가 만들었던 작은 우물 하나가 있다고 했다. 그 우물은 우리가 태어날 무렵엔 쓰지 않아 나무판자로 덮어둔

지 오래였고, 엄마도 까맣게 잊고 있었다고 말했다.

 꿈에 나왔던 언덕 꼭대기 집은 실제로 부산 대연동에 할아버지가 직접 지으셨던 집이었다. 그곳은 엄마의 어린 시절 기억이 가득했고, 내가 태어나고 유치원을 다니기 전까지 나도 그곳에서 자라서 어렴풋한 기억 속에 남아있기도 했다. 아무래도 너무 어린 시절에 살았으니 집의 겉모습은 기억나지만, 그 집의 구조는 기억나지 않았는데 그 꿈을 꾸고 난 뒤, 할아버지의 집이 조금씩 떠오르기 시작했다.

 어쩌면 이건 그냥 꿈이 아니라 엄마가 그리워하던 예전의 기억 속으로 잠시 다녀온 게 아니었을까.

언덕 집의 구조,
할머니의 된장찌개,
할아버지의 밭과 나무 의자.
그때의 할머니와 할아버지,
그리고 그때의 엄마.

엄마의 꿈

◆

 스물세 살. 현재를 살아가는 사람들은 이제 막 꿈을 꾸기도 하고, 누군가는 한창 꿈을 이뤄가고 있을 나이에 엄마는 결혼을 했고, 언니를 낳았다. 누군가가 꿈을 물어보기도 전에 한 손으론 언니의 손을 잡고, 한 손으로는 나를 업고 언덕 맨 꼭대기에 위치한 옥탑방으로 가는 오르막길을 매일같이 오르내렸다. 한없이 여린 마음엔 무거운 책임감이 들어섰고, 엄마는 그저 악착같이 살아갈 수밖에 없었다고 말했다.

 엄마는 언니를 낳은 순간부터 꿈이 무엇이었는지, 하고 싶었던 게 있는지를 생각할 겨를도 없이 밀려드는 육아를 감당하고, 우리가 걷기 시작하고 유치원 종일반에 다닐 때부터는 생활비를 벌기 위해서 부산 사상에 있던 작은 한복가게에서 일을 시작하셨다. 그때부터 엄마의 직업은 자주 바뀌었다. 신발공장, 자동차 부품공장, 요양보호사 등등 집에서는 부업도 마다치 않을 만큼 긴 시간 동안 한 달도 채 제대로 쉬어본 적이 없을 정도로 늘 일을 하셨다.

'엄마, 엄마는 내 나이 때 꿈이 뭐였어?'

엄마는 나의 물음에 '기억이 안 나.'라는 짤막한 대답을 했고, 생각에 잠긴 듯 한참 동안 말이 없다가 다시 말했다.

"분명히 하고 싶었던 게 있었을 텐데 기억이 잘 안 나. 그 시절엔 무엇이 되는 게 어려웠거든. 지금 다시 생각해 보니까 꿈을 꿀 시간이 별로 없었던 것 같네."

엄마의 말과 말 사이에는 어떤 공허함이 있었다. 생각해 보면 엄마는 내가 주춤거리고 망설이고 있을 때, 늘 하고 싶은 것을 하라며 내 선택을 1순위로 존중해 주곤 했다.

"네가 만족하면 엄마는 괜찮아지고, 네가 행복하다고 하면 모든 걸 이해할 준비가 되어 있어. 그러니까 너무 조급해하지 마."

엄마의 청춘을 먹고 자란 나는 여전히 엄마의 마음을 이길 수가 없다. 내 앞에 놓인 선택에 고민하고 꿈을 찾아다니느라 가장 가까운 곳에서 나의 행복을 제일 바라고 선택을 응원해줬던 사람의 꿈을 20여 년이 지난 지금 처음 물어본 것이다. 나는 낯이 뜨거워질 수밖에 없었다. '희생'이라는 단어에 얽매여 반평생을 누군가의 엄마로, 누군가의 아내로 지냈을 사람. 시간을 거스른 꿈에서라도 그때의 엄마를 만날 수만 있다면 꼭 전하고 싶다.

엄마,
엄마의 인생을 살아
누군가가 중요해서 누군가를 위해 오늘을 살지 말고
조금 늦어도 괜찮고 자주 망설여도 좋으니
하고 싶은 것 다 하면서 자신의 존재를 잃지 말고
누구보다 엄마의 이름 석 자로 살아주라.

쉬어가도 돼

◆

꼭 모든 것에 연연해하지 않아도 돼.
너는 지칠 수도 있고,
겁낼 수도 있고,
잠시 멈출 수도 있는 거야.
잠깐 쉬어가도 된다는 말이야.
머지않아 다시 걸을 테고,
너는 또다시 웃을 거야.

그래도 모든 건 지나가

◆

누구에게나 가라앉는 시기는 존재해. 그건 이상한 게 아니거든. 자연스러운 거야. 마음 놓고 얘기할 수 있는 사람의 가슴팍에 안겨서 아무 말도 하고 싶지 않을 때도 있지. 삶이 어딜 가도 정답이 없는 것 같으면 잠시 놓아도 탓하지 않아. 도망치는 것이 때로는 답이 될 수도 있고. 이겨내라는 세상의 목소리에 가끔 져도 실패한 삶이 되진 않아. 지치고 우울한 날에 아무도 없는 곳에서 숨죽여 울던 그 울먹임을 누군가 들어줬으면 하는 바람도 이해해. 위로받고 싶은 마음은 자꾸 자라니까. 여태 수많은 일이 있었겠지만 그래도 모든 건 지나가. 그냥 아프지만 말자. 응? 응.

나의 밤은 자주 어질러진다.

◆

  나의 밤은 자주 어질러진다. 그리움과 불안감이 공존하고, 뚜렷이 나뉘지 않은 밤과 아침의 경계를 늘 품고 살아간다. 아이처럼 목놓아 울고 싶다가도 그러지 못할 땐 조용히 목울대를 누를 뿐이다. 오늘만은 너덜너덜해지고 싶었다. 잠시라도 맘이 느슨해진 탓을 하며 소리 내어 엉엉 울고 싶었다.

어른아이

◆

 놀이터에서 미끄럼틀에 부딪혀 다리에 크기가 다른 멍 여러 개가 생겼을 때 친구들과 멍의 개수를 세서 내가 더 많다며 천진난만하게 웃었던 기억이 있다. 애석하게도 어렸을 땐 내게 자랑이었던 것들은 지금의 내게 자랑이 되지 않았다. 신발 끈을 잘 묶는 것은 이제 자랑이 아니며, 김밥 속 오이와 시금치를 빼지 않고 먹었다고 칭찬해주는 누군가도 없다. 100m 달리기 기록이 높은 것이 내 기분을 채우기엔 한없이 부족하고, 그네를 높이 올라가던 일도 이제는 내게 자랑이 되지 않는다. 어느덧 신발 끈을 묶는 것쯤은 너무 쉬운 일이 됐고, 딱딱한 구두를 신고 100m 달리기를 해야 하는 순간도 생기며, 더는 그네를 높게 타지 않고, 툭하면 울 수 있었던 그때처럼 내 울음을 받아줄 이도 없다.

넘어진 아이가 있으면 달려가서 힘껏 일으켜주고, 머리를 쓰다듬으며 괜찮냐는 걱정스러운 물음을 건네고, 울먹거리는 아이를 다독이며 다치지 않게 노는 방법을 알려준다. 그 시절처럼 반짝이는 눈으로 칭찬을 바라지 않는다. 내 눈은 그때보다 조금 탁해졌고, 나도 모르게 멍하게 보내는 시간이 늘었으며, 시끌벅적했던 놀이터가 가장 조용해지는 시간을 기다릴 뿐이다.

삶의 방향감은 상실되고, 주저앉았을 땐 어떻게 일어서야 하는지. 그리고 어떻게 다시 묵묵히 걸어가야 하는지. 어른이 된다는 것은 모르는 것 투성이다. 의도치 않는 일에 얽매이고, 누군가에게 이해를 바랄 수 없는 일이 생기고, 불가피한 상처에 직면하고, 이때다 싶어 내 주위를 서성이는 불행을 보면서 슬픈데도 울지도 못하고 멍한 눈빛으로 길 위에 멈춰있는 나는 여전히 혼자 해내는 방법을 잘 모르고 산다.

그 당시 나를 살게 했던 그 많은 자랑과 칭찬은 무색해져 버렸고, 고단했던 하루를 견딘 날엔 한때 나를 쓰다듬어 줬던 손길이 그리워졌다. 주저앉은 나를 보고 누군가가 그때처럼 다가와 해내는 방법을 하나하나 알려준다면 얼마나 좋을까. 상냥한 표정으로 다치지 않고 살아가는 방법을 알려준다면 얼마나 좋을까. 그럼 나는 그때처럼 가장 반짝이는 눈으로 웃으며 고맙다고 다시 해보겠다고 말할 수 있을 텐데.

허물어지는 밤

◆

 사소한 부분들이 일상에 무게를 실었다. 나는 자주 가라앉았지만, 아무도 다시 올라오는 법을 가르쳐주지 않았고, 마음에 허기가 질 때는 채우는 법을 몰라 울었고, 밤이 오면 울 준비를 하는 나를 발견했다. 슬픔이 너무 무거우면 고개를 떨궈야 했고, 버텨야 할 것이 많아질 때마다 나는 무릎을 조금씩 꿇었다. 이름 모를 서러움들이 한가득 쏟아질 때면 나는 허물어지는 밤을 보내야 했다. 삶은 기어이 절망이 숙명인 듯 내게 순응하는 법을 알려주는 듯했다.

과거의 행복

◆

 행복은 잠깐인데 슬픔의 잔상은 늘 오래 남았다. 행복의 여운은 그리움으로 변질되어 지나온 것을 뒤적거리며 그 행복이 전부인 양 과거에서 벗어나지 못하는 삶에 나는 너무 오래도 갇혀 있었다. 마치 행복하지 못하면 곧 불행해진다는 듯이. 거듭 행복해져야 살아갈 수 있다고 생각하듯이. 그 어느 순간도 과거를 현재로 붙잡아 둘 순 없는데도 말이지.

이면

◆

 멀리서 보면 행복하게 웃음 짓던 그대야, 자꾸 훌쩍이는 소리를 따라 한 걸음씩 가까워지니 너는 조그맣게 웅크린 채 울상을 짓고 있었어. 그리고 그저 손 한 번 뻗었을 뿐인데 이내 귓가에 천둥이 치는 것만큼 큰 울음을 터트려버렸지. 늘 단단해 보였던 그대도 겁이 났고, 자주 서러웠고, 매번 상처받았었구나. 자주 웃음 뒤에 주저앉던 그대야,

그대는 아무도 모르게 조금씩 무너지고 있었구나.

영화 같은 삶

◆

 한때는 불행해 보이고 싶지 않아서 없는 행복을 누리는 척 살아가기도 했다. 불행하다 싶은 날엔 노트북 속의 영화처럼 빨리 감기를 해서 지금의 장면을 넘기고 싶은 생각이 간절했다. 이 순간에 더 오래 있고 싶진 않았기 때문이었다. 조금 행복하다 싶은 날에는 일시 정지를 눌러 순간을 멈추고 싶었다. 언제 또 이런 날이 올지 모르기 때문이었다. 삶은 늘 뜻밖의 상황에서 찬란했고, 행복했고, 좌절했다. 습한 그늘 같은 마음은 한동안 먹먹함에 고개 숙여 살다가도 아무렇지 않게 봄볕이 드리워져 따뜻함에 고개 드는 날이 오기도 했고, 빈 공간에 매어둔 단단한 마음이 뿌리째 뽑혀 내 온몸이 울릴 만큼 울음처럼 여겨질 때도 있다. 그렇지만 겪어보지 않고서는 내일이 어떨지 일주일 뒤가 어떨지 그 누구도 모르는 일이다. 어쩌면 영화보다 더욱 영화 같은 이상적인 삶이 될지도 모른다. 우리의 삶은.

마른기침

◆

 아침에 눈을 뜨면 TV엔 영화의 마지막 크레딧이 화면에 떠 있고, 나는 익숙한 듯 리모컨 들어 종료 버튼을 누른다. 언제부턴가 노래를 틀거나 영화를 틀어두고 자는 습관이 생겨버린 탓이다. 빗소리가 너무 크게 느껴진다거나 가끔 울고 싶다거나, 빈 공간이 무서울 만큼 공허해질 때, 무언가를 곁에 두고 자야지만 안심이 됐다. 인기척 하나 없는 적막한 이곳에서 마음이 허기질 때면 나는 무언가라도 채워보겠다고 마른기침을 하고, 애써 누워있던 자세를 바꾸고, 온기가 남은 흔적들을 뒤적거린다.

살아야 할 이유

◆

'왜 살아야 하는 걸까?'라는 물음에 답을 한 적이 있다.

"음, 지켜야 할 것들이 있어서?"

한 번은 울고, 울다가 너무 답답한 이 기분을 견디지 못해 나도 모르게 내가 나를 때린 적이 있었다. 덕분에 내 가슴엔 시퍼런 멍이 들었고, 뺨은 벌겋게 부어올라 있었다. 그런 와중에도 퉁퉁 부은 눈과 뺨을 엄마에게 들키진 않을까 걱정했고, 혹시나 이런 딸이라는 걸 알면 충격받을까 싶은 마음에 엄마를 자꾸 안심시키는 것에 연연했다.

내가 살아가야 할 이유는 나 때문이 아니라 나를 믿어주고 사랑해주는 사람에게 있었다. 내가 앞으로 지켜야 하는 존재들. 나는 그것들을 두고서 세상을 등질 만큼의 용기가 없었다. 그 가을의 나는 살려고 글을 쓰곤 했다.

할아버지

◆

1996년의 여름,
엄마의 둘째 딸로 태어났던 나는 어린이집을 다니기 전까지 부산의 할머니 할아버지의 집에서 자랐었고, 덕분에 그 기억이 내게는 어렴풋이 남겨져 있었다. 내가 엄마 아빠와 함께 살게 된 후로부터 몇 년이 더 지난 뒤에 할머니 할아버지는 둘째 이모를 따라 서울로 이사를 가셨다.

내 나이가 19살이 됐을 무렵, 19년을 경상도에서 벗어나 본 적이 없었던 나는 고등학교 3학년 수능 날을 기점으로 서울에 한 원룸에서 자취를 시작했다. 버스를 타고 종종 할아버지의 집에 갔고, 나는 할아버지에게 내가 살아가는 이야기를 친구처럼 털어두곤 했다. 허나 몇 년 전부터 심해졌던 치매 증상과 폐암 재발은 할아버지의 기억과 건강을 조금씩 앗아가고 있었다.

이따금 추워지던 가을, 그날도 할아버지의 집에 들렀다. 불과 일 년 전만 해도 내 이름을 기억하셨던 할아버지는 점차 이름을 생략하며 말할 때가 잦아지셨고, 어떤 날엔 존댓말을 하실 때도 있었다. 나는 조금이라도 더 잊혀지지 않기 위해서 할아버지를 만날 때마다 이름을 묻곤 했다.

 "할아버지, 내 이름이 뭐야?"
 "우리 아가인데, 이름은 잘 모르겠다."
멋쩍은 듯이 웃으며 말씀하시는 할아버지에게 나는 차근차근 말했다.

 "혜진이. 부산집에서 할아버지랑 같이 살았던 혜진이."
 "아, 그래. 혜진이 맞다 맞다."

 할아버지는 이름은 비록 기억하지 못했지만, 아가라고 부르며 자신의 손녀라는 건 여전히 알고 계신 듯했다. 이후 할아버지는 평소와 다를 거 없이 백 번은 넘게 들었던 할아버지의 고향 이야기를 한참 얘기하셨다.

 "그래서 그때 밭을 이씨 삼촌이 다 뒤집어가지고 꼭두새벽부터 해 넘어갈 때까지 그 밭은 다 갈았다아이가. 어휴 그리고 집에 와 가지고 얼매나 앓아누웠는지…"

할아버지의 말을 가만 듣고 있다 보면 할아버지의 얘기보다 어느덧 더욱 야위어져 버린 얼굴이 눈에 들어온다. 세월이 보이는 검버섯들과 훅 들어간 볼살. 그리고 마른 몸과 다르게 통통 부어버린 발. 몇 번을 봐도 아무렇지 않게 넘기기 힘들지만, 애써 웃어본다.

시간이 지날수록 방에서 나와 부엌까지 걸어오시던 할아버지가 방 안에서 나오시지 않으셨고, 앉아서 TV를 보시던 할아버지가 침대에 누워 TV를 보시고, 그리고 그 후엔 방에서 TV조차 켜지지 않았다. 어떤 날은 시선이 마주쳤다가 무심히 고개를 돌리셨고, 어떤 날은 눈을 감고 조용히 잠이 든 할아버지의 코밑에 손을 가져다 대기도 했다.

그사이 나는 짧으면 짧았던 3년의 자취생활을 끝내고, 다시 본가인 부산으로 내려왔을 무렵이었다. 할아버지는 내가 내려간 지 얼마 되지 않았을 때 건강이 더욱 악화되어 서울에 있는 큰 병원에서 생활하시기 시작했다.

'나, 부산 가고 싶다.'

할아버지는 대뜸 가장 긴 세월을 살았던 부산에 내려오고 싶다고 하셨다. 이모들과 엄마는 별말 없이 부산에 있는 한 요양병원으로 할아버지를 입원시켰고, 때마침 병원이 내가 일하던 곳과 가까워서 5개월 만에 할아버지를 만나러 퇴근 후 한걸음에 달려갔다.

병실의 문을 열고, 나는 할아버지의 모습을 보자마자 속에서 끓어 나오는 울음을 멈출 수가 없었다. 5개월 만에 마주한 할아버지의 얼굴은 뼈가 드러날 정도로 말라 있었고, 잔뜩 빨개진 두 눈으로 울음 터진 나를 보고 계실 뿐이었다.

그날로부터 퇴근 후엔 매일 같이 할아버지의 병실을 드나들었다. 온몸에 힘이 없던 할아버지의 손과 발과 다리를 주무르고, 종이컵으로 목을 긁어내고 뱉어지는 피를 받아냈다. 목소리가 잘 나오지 않는 할아버지를 대신해서 매번 들었던 할아버지의 고향 이야기를 이젠 내가 얘기하기 시작했고, 그 덕분인지 조금 희미했지만 할아버지는 미소를 짓기도 하셨다.

밥을 삼키지 못하던 할아버지는 하루가 다르게 더더욱 야위어갔다. 매번 덤덤한 척 넘겼지만 요 며칠 할아버지는 통 말씀이 없으셨고, 불안감이 점차 커지고 있을 때쯤, 할아버지는 무언가를 말씀하시려는 듯 입을 뗐다.

"혜진아, 얼른 집에 가라. 그리고 내일 또 온나."

 다 쉬어버린 목에서 겨우 끌어낸 목소리였다. 아주 작았지만 분명 내 이름이었고, 할아버지의 입에서 3년 만에 기억해낸 두 글자였다. '아가'라고 부르며 오늘 뭐 했냐고 물어봤을 때도. 엄마와 이모들의 이름을 기억하지 못할 때도. 다시 이름을 한 자씩 알려주며 할아버지의 마음속에 우리가 잊히지 않기를 바라고 또 바랐다. 당신의 삶에 내가 있었다고.

 병실에서 나와 1층으로 내려가는 엘리베이터 안에서 어린 날의 아이처럼 엉엉 울어야 했다.

 그리고 다음 날, 할아버지가 숨을 쉬지 않는다는 말에 다급히 달려간 병원. 엘리베이터가 열리자 부산에 살고 계셨던 친척분들이 보였다. 어수선한 분위기와 병실 안에선 울음소리가 들렸고, 하얀 커튼으로 쳐진 병상 위에 누워있는 할아버지는 눈을 감고 점차 식어가고 있었다.

할아버지가 돌아가셨다.
내 생일이 5일 지난 여름날이었다.

나의 오랜 사랑

◆

 할아버지의 장례식을 다 치른 후, 며칠 동안 온몸이 뜨거워지고, 속은 부글부글 끓었으며, 몸은 축 늘어져 걷기 힘들 정도로 무기력해졌고 결국은 하루 동안 병원에 입원했다. 불이 꺼진 입원실에서 잠깐 잠든 사이에 나는 꿈을 꾸었다.

 나른한 오후, 나는 누군가의 등에 업혀있었다. 내가 어릴 때 살았던 할아버지 집으로 가는 언덕을 오르고 있었고, 나를 업은 사람은 다름 아닌 할아버지였다. 20여 년 만에 업힌 할아버지의 등은 아주 넓었으며 따뜻했다. 언덕을 올라가는 중간에 있던 슈퍼마켓. 익숙한 갈색 빌라. 그 주위를 둘러싼 크고 작은 주택들. 그리고 언덕 맨 끝에 보이는 할아버지의 집. 언덕을 넘어서면 할아버지가 가꾸던 고구마밭과 그 뒤로 보이는 부산 바다. 그리고 시선에 걸쳐진 커다란 나무에 걸려있는 할아버지가 직접 만든 나무 그네.

할아버지는 나를 그네에 앉히고,
등을 조심스레 밀어주면서 말씀하셨다.
  '아가, 나는 이제 괜찮으니까 훨훨 살아가.'

  할아버지의 목소리를 끝으로 꿈에서 깼고, 나는 꿈에서 깬 후부터 할아버지의 죽음을 이따금 실감하기 시작했다. 문득 따뜻했던 할아버지의 마지막 말이 어쩌면 남겨진 우리에게 전하는 말인 것 같아서 불이 꺼진 병실에서 한참을 울어야 했다.

> 별이 되어버린 나의 오랜 사랑아,
> 우리 또 만나자.
> 하루살이로 만나든 길가에 풀로 만나든
> 다시 마주하자.
> 내 나머지 생은 그리워하고
> 남겨진 것들을 사랑하며 살 테니
> 다음 생에도 또 와주라.

엄마,
엄마의 인생을 살아.
누군가가 중요해서 누군가를 위해 오늘을 살지 말고
조금 늦어도 괜찮고 자주 망설여도 좋으니
하고 싶은 것 다 하면서 자신의 존재를 잃지 말고
누구보다 엄마의 이름 석 자로 살아주라.

딸아,
세상을 살아보니 그때하지 못해 후회하는 내가 넘쳐난다.
너는 누구보다 너로 잘 살아주라. 어디가서 울지 말아라.

《진심글》 김혜진 작가의 손글씨와
김혜진 작가 어머니의 손글씨입니다.

나는 가끔 나의 안부를 묻곤 해

© 김혜진 2020년

1판 1쇄 발행 | 2020년 10월 14일
1판 4쇄 발행 | 2022년 12월 24일

지은이 | 김혜진 (@jinsimgeul)

편집장 | 김유은
펴낸이 | 박우성
발행처 | 좋은북스
출판등록 | 2019년 01월 03일 제2019-000003호
주소 | 경기도 파주시 회동길 145 (파주출판도시)
전화 | 031-939-2384
팩스 | 050-4327-0136
이메일 | goodbooks_@naver.com
인스타그램 | instagram.com/goodbooks.official

ISBN 979-11-90764-03-2   03810

· 이 책은 저작권법에 의해 보호를 받는 저작물이므로 저자와 출판사의 허락 없이 내용의 일부를 인용하거나 발췌하는 것을 절대 금합니다.